MIND unlimited LERNHILFE

Dirk Konnertz

Mehr melden – Selbstsicherheit gewinnen

Das Programm für gute Noten im Mündlichen

Klassen 5–10

VERITAS
LERNHILFEN

Das Buch ist nach der neuen deutschen Rechtschreibung abgefasst.

Die Deutsche Bibliothek - CIP-Einheitsaufnahme

Konnertz, Dirk:
Mehr melden – Selbstsicherheit gewinnen : das Programm für gute Noten im Mündlichen ; 5. bis 10. Klasse / Dirk Konnertz. – 2. Aufl. – Linz : Veritas, 1999
(Mind unlimited)
ISBN 3–7058–5182–9

2. Auflage (1999)
Gedruckt auf umweltfreundlich hergestelltem Papier.

Lektorat: Klaus Kopinitsch, Wien
Umschlag, Illustrationen, Layout: Ulf Marckwort, Kassel
Satz und Lithographie: Typomedia, Neunkirchen
Druck: Landesverlag Druckservice, Linz

ISBN 3–7058–5182–9

Inhaltsverzeichnis

Vorwort

Ein sehr beliebtes Thema in den MIND UNLIMITED-Ferienkursen ist das Selbstsicherheitstraining. Es ist ein fester Bestandteil unseres Kurses „Lernmethodik", in dem die Teilnehmerinnen und Teilnehmer lernen, wie sie sich mehr am Unterricht beteiligen und dadurch an Selbstsicherheit gewinnen können. Sie reden dort vielleicht das erste Mal frei vor einer Videokamera und ernten jede Menge Beifall, wenn sie nach einer gezielten Vorbereitung einen Kurzvortrag vor dem gesamten Kurs halten.

Der Erfolg dieser Kurse hat mich dazu motiviert, dieses Buch zu schreiben.

„Mehr melden – Selbstsicherheit gewinnen" lautet der Titel. Denn ich bin der Meinung, dass durch mündliche Mitarbeit im Schulunterricht jeder Schüler an Selbstsicherheit gewinnen kann.

Wie das Erlernen fast aller Fähigkeiten benötigt auch die Entwicklung eines gesunden Selbstbewusstseins und eines selbstsicheren Auftretens ein wenig Übung. Der Schule steht dafür ein riesiges Übungsfeld zur Verfügung. „Mehr melden – Selbstsicherheit gewinnen" soll dabei helfen, richtig zu üben. Jeder Schüler kann mit Hilfe dieses Buches ein persönliches Programm entwickeln, um sich mehr am Unterricht zu beteiligen und somit die schulischen Leistungen zu verbessern.

Es ist aber nicht nur ein Ratgeber für Selbstsicherheit im Schulunterricht und zur Verbesserung der Schulnoten. Darüber hinaus enthält dieses Buch eine Menge Tipps und Anregungen zur Entwicklung einer selbstbewussten Persönlichkeit. Denn nicht nur in der Schule kann ein selbstbewusstes Auftreten sehr von Nutzen sein.

Ein sowohl für Schülerinnen als auch für Schüler interessantes Thema ist das „Flirten", eine besonders nette und persönliche Variante der zwischenmenschlichen Kontaktaufnahme und Kommunikation. Weil sie in unseren Ferienkursen sehr gefragt sind, habe ich im Rahmen eines Exkurses die „MIND UNLIMITED-Flirt-Tipps" in dieses Buch aufgenommen.

Also viel Spaß beim Lesen und viel Erfolg wünscht

Dirk Konnertz

Einführung: Selbstwertgefühl und Selbstbewusstsein

DAS SELBSTWERTGEFÜHL

Was ist das „Selbstwertgefühl"? Es ist dein persönliches Gefühl, was **du** wert bist. Jeder Mensch möchte in irgendeiner Form wertvoll sein. Ob er als „guter Mensch" anderen Menschen helfen möchte oder als „erfolgreicher Mensch" sich und anderen Menschen beweisen möchte, dass er etwas wert ist.

EIN SELBSTTEST ZUM SELBSTWERTGEFÜHL

Denke nun einmal darüber nach, was **du** wert bist. Lehne dich dazu zwei Minuten zurück und schließe die Augen. Fülle im Anschluss daran den Steckbrief mit deinen persönlichen Daten aus. Zeichne in den Kasten ein Selbstporträt von dir und beantworte die Frage. Lehne dich jetzt zurück und denke nach!

STECKBRIEF

NAME: ______________________________

GEBURTSDATUM: ______________________________

STRASSE: ______________________________

ORT: ______________________________

SCHULE: ______________________________

KLASSE: ______________________________

WAS ICH WERT BIN: ______________________________

____

____

____

____

Sollte dir nun kein passender Satz eingefallen sein, ist dies nicht weiter schlimm, sondern eher normal. Für fast alle Menschen ist es schwierig, auf die Frage „Was bin ich wert?“ eine Antwort zu finden. Dies liegt in erster Linie daran, dass wir uns keine oder nur selten Gedanken darüber machen.

Das Selbstporträt kann übrigens auch Aufschluss über dein persönliches Selbstwertgefühl geben. Ein großer Kopf mit freundlich lächelndem Blick zeugt von einem stärkeren Selbstwertgefühl als ein kleines, mickriges Strichmännchen. Die Zeichenkünste spielen dabei überhaupt keine Rolle. Kontrolliere dies doch einfach selbst! Mache den Test vielleicht einmal mit deinen Eltern, Freunden oder Bekannten.

Wenn du mit der Beantwortung der Frage „Was bist du wert?“ deine Probleme hattest, mache dir bitte zu den beiden folgenden Fragen ein paar Gedanken. Lehne dich dazu fünf Minuten zurück und schließe die Augen. Schreibe dann die Punkte, die dir eingefallen sind, in dein Persönlichkeitsprofil.

Die Fragen lauten: „Wie bist **du**?“ und „Was kannst **du** gut?“ Lehne dich jetzt wieder zurück und denke nach!

PERSÖNLICHKEITSPROFIL

ICH BIN ______________________

ICH BIN ______________________

ICH BIN ______________________

____

ICH KANN GUT ______________________

ICH KANN GUT ______________________

ICH KANN GUT ______________________

____

Mit Sicherheit ist dir jetzt etwas eingefallen. Kontrolliere, ob du auf die Frage „Wie bist du?“ mehr positive Aussagen (z.B. „Ich bin klug“, „Ich bin nett“, „Ich bin geduldig“, „Ich bin schön“, „Ich bin ein guter Zuhörer“ usw.) oder mehr negative Aussagen (z.B. „Ich bin dumm“, „Ich bin unfreundlich“, „Ich bin unattraktiv“, „Ich bin ein Lügner“, „Ich bin unsportlich“ usw.) eingetragen hast. Überwiegen die negativen Aussagen, ist dies auch ein Zeichen eines weniger starken Selbstwertgefühles. Hast du mehr positive Aussagen entdeckt, ist dieser Bereich bei dir schon stärker entwickelt. Vielleicht wirst du jetzt die Frage stellen: „Eigenlob stinkt doch?“ Darauf bekommst du folgende Antwort:
Es ist sehr wichtig, dass du deine guten Eigenschaften kennst und zu ihnen ohne Hemmungen und Zweifel stehen kannst. So etwas heißt „Selbstmotivation“. Sie steigert dein Selbstwertgefühl. Natürlich solltest du dich dabei nicht belügen und auch nur solche Behauptungen aufstellen, die du auch ehrlich vertreten kannst.

Negative Punkte dürfen in deinem Persönlichkeitsprofil auch vorhanden sein. Sie sind ein Zeichen von Selbstkritik, die auch ein wichtiges Persönlichkeitsmerkmal ist. Wie für die Beantwortung der Frage „Wie bist du?“ gilt auch für die Frage „Was kannst du gut?“: Es ist wichtig, sich immer wieder seine persönlichen Fähigkeiten bewusst zu machen. Ob Fußball- oder Tennisspielen, Tanzen, Reiten, Aufsätze schreiben, Rollerblades fahren, Musizieren, Lesen, Malen, Basteln, Kuchen backen, Fotografieren, Rechnen, Computer spielen, Witze oder Geschichten erzählen, Freunden gut zuhören usw., irgendetwas kannst du bestimmt gut.
Gehe noch heute mit deinem Persönlichkeitsprofil zu deinen Eltern oder einem guten Freund deines Vertrauens. Frage sie, ob ihnen noch etwas einfällt, und trage die Punkte, die du eventuell vergessen hast, in dein Persönlichkeitsprofil nach.

VORBILDER

Vorbilder sind Personen oder Gruppen, die du besonders gut findest. Sie haben Eigenschaften, die du bewunderst. Vielleicht können sie etwas, was du nicht oder noch nicht so gut kannst, stehen mitten im Rampenlicht der Öffentlichkeit, sind gerade „in“, oder du findest sie einfach auf irgendeine Art und Weise toll. Sportler, Musiker, Schauspieler, Politiker, Schriftsteller oder Menschen in sozialen Berufen übernehmen oft eine Vorbildfunktion.
Natürlich können auch Menschen im persönlichen Umkreis – Eltern, Geschwister, Verwandte, Bekannte oder Freunde – für dich Vorbilder sein.

Vorbilder können dich dazu verleiten, ihnen nachzueifern. Dies ist natürlich überhaupt nicht schlimm, solange du dabei deine eigene Persönlichkeit bleibst und dich dabei wohl fühlst. Gerade viele junge Sportler und Wissenschaftler bringen Höchstleistungen, weil sie sich an Leistungen anderer Sportler bzw. Wissenschaftler messen. Solange du dich von Vorbildern positiv beeinflussen lässt, ist dies in Ordnung. Eine reine Kopie von Verhaltensweisen oder Äußerlichkeiten, wie Kleidung oder Frisur, ist dagegen gefährlich, denn jeder Mensch ist individuell. Verhaltensweisen, die den einen interessant machen, können bei einem anderen ziemlich lächerlich wirken. Insbesondere, wenn es anderen Leuten auffällt, dass hier nur „nachgeäfft" wird.
Auf diese Weise ist es natürlich nicht möglich, sein Selbstwertgefühl zu stärken. Es wird eher nur schwächer, wenn sich andere über dich lustig machen.

Auch in der Schule kann es Mitschüler geben, die bewundert werden. Und ich meine jetzt nicht, weil sie vielleicht besonders gut aussehen. Sie bringen sich gut im Unterricht ein, haben immer eine treffende Frage parat, können überzeugend diskutieren, frei reden, setzen sich für die Klasse als Klassensprecherin bzw. Klassensprecher ein oder engagieren sich in der Schülervertretung.
Wenn ihnen in der Klasse nicht der Ruf des Strebers vorausgeht, haben sie im Klassenverband „gute Karten“. Bewunderung kann aber gerade in der Schule schnell in eine Form des Neides umschlagen. Dabei sollten gute Leistungen und ein selbstsicheres Auftreten allein keinen Schüler zum Streber abstempeln. So etwas versuchen meist Mitschüler, die es sich in den seltensten Fällen leisten können.

Das folgende Trainingsprogramm soll dir zeigen, wie du dich mehr am Unterricht beteiligen kannst, ohne deine Persönlichkeit aufgeben zu müssen und ohne von anderen vielleicht sogar als Streber abgestempelt zu werden.

DER WEG ZUM SELBSTBEWUSSTSEIN

Um dieses Ziel zu erreichen, musst du dir zuerst deiner eigenen Stärken und Schwächen bewusst sein. Dies hast du mit dem Erstellen deines Persönlichkeitsprofils ja schon getan! Somit befindest du dich bereits auf dem Weg zu mehr Selbstbewusstsein.

Motivationszettel schreiben

Schreibe auf einen leeren Zettel mindestens 5 deiner positiven Eigenschaften. Verwende auch Eigenschaften, die dir deine Eltern und Freunde zusprechen. Verstecke den Zettel an einem dir bekannten Ort (z.B. in einer geheimen Schublade, in deinem Lieblingsbuch oder bei den „Liebesbriefen"). Diesen „Motivationszettel" liest du dir in den nächsten zwei Wochen jeden Tag einmal zu einer bestimmten Zeit (z.B. nach dem Aufstehen, vor den Hausaufgaben, nach dem Abendessen, vor dem Zubettgehen) durch. Sollten dir zwischenzeitlich weitere Punkte einfallen, schreibe sie auf den Motivationszettel. Nach zwei Wochen liest du ihn dann mindestens einmal pro Woche. Hole deinen Motivationszettel auch immer hervor, wenn

- du dich aus irgendeinem unerklärlichen Grund schlecht fühlst,
- dich ein Lehrer „runtergemacht" hat,
- ein Schultag oder eine Schulstunde mal „in die Hose ging",
- du Stress mit deinen Eltern, Geschwistern oder Freunden hast,
- irgendwelche Leute dein Selbstwertgefühl angegriffen und dich somit beleidigt haben.

Er soll dir in solchen Situationen immer wieder zeigen, dass du etwas wert bist, auch wenn vielleicht gerade etwas nicht so geklappt hat, wie du es dir erhofft hast. Denn schief gehen kann immer irgendetwas. Wichtig ist nur, dass du dich wieder aufrappelst.

Motivationsgespräche führen

Es kann immer wieder mal vorkommen, dass jemand dein Selbstwertgefühl verletzt. Dies geschieht, indem dir von außen signalisiert wird, dass dir positive Eigenschaften fehlen, die du dir zuschreibst.

Ein Beispiel:

Ute versteht neue Themen im Unterricht ziemlich schnell. Andere benötigen in der Regel viel länger. Darauf ist sie stolz.

Heute im Matheunterricht hat der Mathelehrer den „Satz des Pythagoras" vorgestellt, aber sie hat ihn beim ersten Mal nicht verstanden. Der Lehrer musste ihn für Ute noch einmal erklären.

Die Bemerkung von Bernd: „Mensch, ist die lahm! Hat die's bald mal kapiert?" greift ihr Selbstwertgefühl an, und sie fühlt sich verletzt.

Mit einem starken Selbstbewusstsein steckt sie das leicht weg und denkt: „Ach, die Pfeife, muss der wieder seine Klappe aufreißen!" Sollte jemand dein Selbstwertgefühl in einer ähnlichen Art und Weise angreifen und dabei deinem Selbstbewusstsein einen spürbaren Knacks geben, suche das Gespräch mit deinen Eltern, einer guten Freundin oder einem guten Freund. Erzähle Ihnen, was passiert ist und wie du dich jetzt fühlst. Nach einem solchen Gespräch geht es dir mit Sicherheit besser, dein Selbstwertgefühl ist dann wieder geheilt.

Ein anderes Beispiel:
Jan kommt bei fast allen in der Klasse gut an. Alle finden ihn nett. Dies hat ihn zu Recht dazu veranlasst, auf seinen Motivationszettel „Ich bin nett!" zu schreiben. In der Nachbarklasse ist Steffi, die er wiederum sehr nett findet. Über seinen Freund Thorsten erfährt Jan, dass Steffi ihn hingegen ziemlich doof findet.

So etwas zu verkraften, ist nicht einfach, denn dies ist ein starker Angriff auf das Selbstwertgefühl. Da kann ein Motivationsgespräch mit einem Freund sehr hilfreich sein.

Eigene Schwächen und Stärken anderer akzeptieren

Kein Mensch ist ohne Schwächen, und es gibt immer wieder jemanden, der das, was du gut kannst, noch besser kann. Damit musst du leben. Es hat sich erwiesen, dass es für Menschen meist besser ist, die eigenen Stärken noch weiter auszubauen als die Schwächen zu verbessern. Solltest du z.B. gut reiten, dafür aber schlecht Klavier spielen können, bringt es dir mehr und ist auch motivierender, deine Reitkunst zu verbessern, anstatt deine Kräfte an lästigen Fingerübungen am Klavier zu verschwenden. Es sei denn, du möchtest dies unbedingt.
Diesem Motto: „Stärken fördern, Schwächen vernachlässigen" sind natürlich Grenzen und Zwänge gesetzt. Denn es gibt nun mal Schwächen, mit denen du dich auseinander setzen musst. Wenn du in Mathematik ein Genie, in Deutsch jedoch eine Niete bist und dein Berufswunsch „Mathematiker" ist, wäre es für dich die beste Lösung, deine Kräfte noch mehr in das Fach Mathematik zu ver-

lagern und Deutsch zu vernachlässigen. Da aber der angestrebte Beruf ein Studium erfordert und du dabei eine akzeptable Note in Deutsch benötigst, bleibt dir nichts anderes übrig, als dich mit dem Fach Deutsch auseinander zu setzen. So ist es auch mit der mündlichen Beteiligung am Unterricht. Solltest du dort Schwächen haben, ist es wichtig, daran zu arbeiten. Die Zeugnisnote setzt sich nun mal mindestens zur Hälfte aus der mündlichen Note zusammen. Auch im Studium und in vielen Berufen spielt die mündliche Mitteilung eine wichtige Rolle. Und ein selbstsicheres Auftreten hilft dir in vielen Situationen. Die nächsten Kapitel geben dir dazu konkrete Tipps und Anregungen.

Wie du trainierst, entscheidest du. Wenn du Angst vor dem freien Sprechen hast, fange gleich mit Kapitel 1 „Redeängste abbauen" an. Möchtest du wissen, wie du dich mehr am Unterricht beteiligen kannst, lies Kapitel 2 „Den Unterricht erfolgreich mitgestalten". In Kapitel 3 „Ein Referat interessant vortragen" lernst du, wie du ein Referat inhaltlich interessant aufbauen kannst. Welche Rolle dein Körper beim freien Sprechen spielt und wie du ihn dabei wirkungsvoll einsetzen kannst, erfährst du in Kapitel 4 „Körpersprache wirkungsvoll einsetzen".

BESORGE DIR FOLGENDE MATERIALIEN:

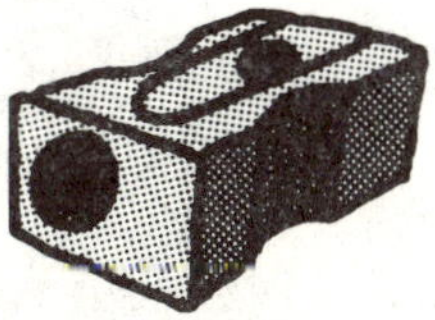

- DIN-A4-Heft
- bunte Stifte
- Kugelschreiber oder Füller
- Bleistift und Radiergummi
- Lineal
- DIN-A6-Karteikarten
- Kassettenrekorder mit eingebautem oder externem Mikrofon
- Leerkassetten
- CD oder Kassette mit ruhiger Barockmusik (z.B. Bach, Händel, Vivaldi), moderne Instrumentalmusik (z.B. Vangelis, Kitaro, J.-M. Jarre) oder Rockmusik (z.B. Kuschelrock, Bryan Adams, Elton John)
- Zeitschrift oder Jugendmagazin
- Wörterbuch oder Lexikon
- großer Spiegel
- Lieblingskuscheltier (wenn du ein's hast)

Kapitel 1: Redeängste abbauen

Viele Schüler haben Angst vor dem freien Sprechen. Diese Redeangst hat zur Folge, dass sie sich kaum am Unterricht beteiligen, ungern an die Tafel gehen, Referate nicht freiwillig annehmen und den Schutz der hintersten Bankreihen suchen.

Wie ist es bei dir: Hast du Angst vor dem freien Sprechen?

Warum du Redeängste hast

Redeängste entstehen aus Horrorvorstellungen. Du stellst dir dabei vor, dass etwas Schlimmes passiert, wenn du dich meldest und etwas sagst. Das Paradoxe an der ganzen Sache ist, dass du ja gar nicht wissen kannst, ob dieses von dir befürchtete Ereignis überhaupt eintritt. Aber die Vorstellung allein reicht meistens schon aus, um Angst zu bekommen.

Es kann u. a. folgende Gründe haben:
Du hast die Vorstellung,

- dass du etwas Falsches sagst;
- dass du den Lehrer bei einer falschen Antwort enttäuschen könntest;
- dass du plötzlich nicht mehr weißt, was du eigentlich sagen willst;
- dass du einen roten Kopf bekommst und zu stottern anfängst;
- dass dich deine Mitschüler auslachen;
- dass irgendetwas Unvorhergesehenes passiert;
- dass du versagst.

Ein Beispiel:
Seit einer Stunde schon wälzt sich Nils schlaflos im Bett hin und her. Morgen muss er im Physikunterricht an der Tafel den Faraday'schen Käfig erklären. Er hat alles gelernt und fühlt sich eigentlich sicher. Aber lebhaft hat er noch die Situation vor Augen, als er vor sechs Wochen an der Tafel war: Sein Mitschüler Kai hat gelacht, als er sich im ersten Satz versprochen hat. Daraufhin kam er ins Schwitzen, und als Herr Bunsenmeyer noch zu hüsteln anfing, war plötzlich alles wie weggeflogen. „Morgen wird es mir bestimmt genauso ergehen!", denkt sich Nils. Er hat Angstgefühle und kann nicht einschlafen.

Was Redeängste bewirken

Die Vorstellung, dass etwas passiert, was ja noch gar nicht eingetreten ist, ruft bei dir Angstgefühle hervor.
Dein Körper kann dir deine Angstgefühle auf unterschiedlichste Art und Weise signalisieren:

- Dein Puls wird schneller, und du spürst deinen Herzschlag;
- deine Knie beginnen zu zittern;
- du bekommst einen heißen Kopf;
- dir wird übel;
- du verspürst einen Druck in der Magengegend;
- du fängst an zu schwitzen;
- du musst auf's Klo;
- du hast ein Gefühl der Schwäche;
- deine Augen tränen.

Wenn du in einer solchen Angstsituation im Unterricht vor der Klasse frei sprechen musst, passiert nun Folgendes, ohne dass du es verhindern kannst:
Dein Gehirn interpretiert die Angst als Gefahr. In solchen Gefahrensituationen blockiert es sämtliche Denkprozesse, und du kannst dann nicht mehr frei denken. Und wenn du nicht mehr frei denken kannst, kannst du natürlich auch nicht mehr frei sprechen. Du bekommst ein „Blackout" und hast nur drei Möglichkeiten: fliehen, kämpfen oder dich tot stellen.

Diese Reaktion deines Gehirns ist in wirklichen Gefahrensituationen natürlich überlebensnotwendig. Wenn dein Gehirn z.B. beim Überqueren einer stark befahrenen Straße, bei der Begegnung mit einem wilden Tier oder bei einem Hausbrand keine Gefahr melden würde, wären die Folgen ziemlich fatal. Ein langes Nachdenken würde die lebensnotwendige Entscheidung zu lange hinauszögern.
Anders ist es beim freien Sprechen: Dort führt die Blockierung der Denkprozesse dazu, dass du dich nicht mehr konzentrieren kannst und womöglich auch nicht mehr das sagen kannst, was du eigentlich sagen willst. Bei Klassenarbeiten ist das ähnlich: Du weißt plötzlich während der Arbeit nicht mehr das, was du noch vor der Arbeit wusstest. Und da du weder kämpfen noch fliehen kannst (obwohl du dies vielleicht gerne tun würdest), erstarrst du wie eine Leiche und fühlst dich zu nichts in der Lage.
Dumme Sache! Es gibt aber einige wirkungsvolle Techniken, um diese Angstreaktionen zu vermeiden. Die lernst du jetzt kennen.

Was du gegen Redeängste tun kannst

Bevor du mit diesem Trainingsprogramm loslegst, musst du wissen, dass es für niemanden möglich ist, völlig entspannt und locker frei zu reden. Dieses kribbelnde Gefühl in solchen Situationen wird „Lampenfieber“ genannt. Selbst sehr gute Redner wie Schauspieler, Radio- und Fernsehmoderatoren, Manager und Politiker haben Lampenfieber, wenn sie vor einem Publikum sprechen. Es wird umso geringer, je mehr Erfahrung du mit freiem Reden machst, je öfter du vor einer Gruppe von Menschen frei sprichst. Ein wenig Lampenfieber ist auch gut, um eine notwendige „Spannung“ zwischen dir und deinen Zuhörern zu erzeugen. Sie hören dir dann „gespannter“ zu.

Die folgenden Techniken sollen dir helfen,

- dein Lampenfieber in den Griff zu bekommen;
- Redeängste erst gar nicht aufkommen zu lassen;
- richtig zu reagieren, wenn Angstgefühle aufkommen;
- beim Reden ruhiger und konzentrierter zu werden.

Wenn du nicht angstfrei vor der Klasse reden kannst, also die oben beschriebenen Angstgefühle dir nicht unbekannt sind, haben sie sich in deinem Unterbewusstsein verankert. Du kannst sie schrittweise loslösen. Das bedeutet aber auch, dass du schon ein wenig Geduld zeigen und vor allen Dingen auch kleinere Erfolge anerkennen musst.

UMPROGRAMMIERUNG DES UNTERBEWUSSTSEINS

Durch deine persönlichen Vorstellungen beeinflusst du dich selbst. Wenn du dir nur lange und oft genug einredest, „Ich werde vor der Klasse versagen“, „Meine Knie werden zittern“, wandert dieser Satz immer tiefer in dein Unterbewusstsein und gräbt sich dort ein. Dann passiert es, dass du wirklich versagst und mit schlotternden Knien vor der Klasse stehst. In der Psychologie wird dieses Phänomen „sich selbst erfüllende Prophezeiung“ genannt. Du kannst dir zwar am Ende zufrieden auf die Schulter klopfen und sagen: „Siehste, ich hab' doch gleich gesagt, dass ich das nicht kann!", aber dies hilft dir nun auch nicht weiter. Diesen Teufelskreis sollst du jetzt aufbrechen. Dazu wirst du im ersten Schritt deine negativen Selbstbeeinflussungen aus deinem Unterbewusstsein ausgraben.

Negative Gedanken aufschreiben

Nimm dazu dein neues DIN-A4-Heft und schlage die erste Doppelseite auf. Da dies ein neues Heft ist, bleibt die erste Seite leer. Schreibe nun auf der linken Seite alle negativen Vorstellungen auf, die du hast, wenn du an mündliche Beteiligung am Unterricht und an das freie Sprechen vor der Klasse denkst. Fange dazu in der zweiten Spalte an und formuliere den ersten Satz. Lasse nach jedem Satz eine Spalte frei. Du hast genügend Zeit, über deine Vorstellungen nachzudenken. Wenn du fertig bist, schlage das Heft erst einmal zu. Beginne jetzt!

Gedanken umprogrammieren

Du hast gelernt, dass du dein Unterbewusstsein negativ programmieren kannst. Das Tolle an der Sache ist, dass dies auch umgekehrt funktioniert. Du kannst dich positiv selbst beeinflussen. Dieser Schritt muss sehr sorgfältig durchgeführt werden. Du wirst jetzt deine negativen Gedanken in positive „umprogrammieren". Mache es dir dazu gemütlich. Du kannst dir ruhige Lieblingsmusik auflegen, eine Kerze anzünden und etwas zum Trinken holen. Schlage wieder dein Heft auf und formuliere zu jedem negativen Satz auf der linken Heftseite einen entsprechenden positiven auf der rechten Seite. Bei der Formulierung der Sätze musst du folgende Regeln beachten:

- Formuliere die Sätze immer **positiv**, also ohne Wörter wie „nicht", „kein", „ohne" usw.

- Verwende **keine negativen Wörter**, wie „Angst", „versagen", „stottern", „zittern" usw.

- Formuliere die Sätze in der **Gegenwart**, so als ob die Gedanken schon verwirklicht wären.

- Überlege erst die Formulierung und schreibe dann mit **ordentlicher Schrift**.

Um dies zu verdeutlichen, siehst du hier ein Beispiel:

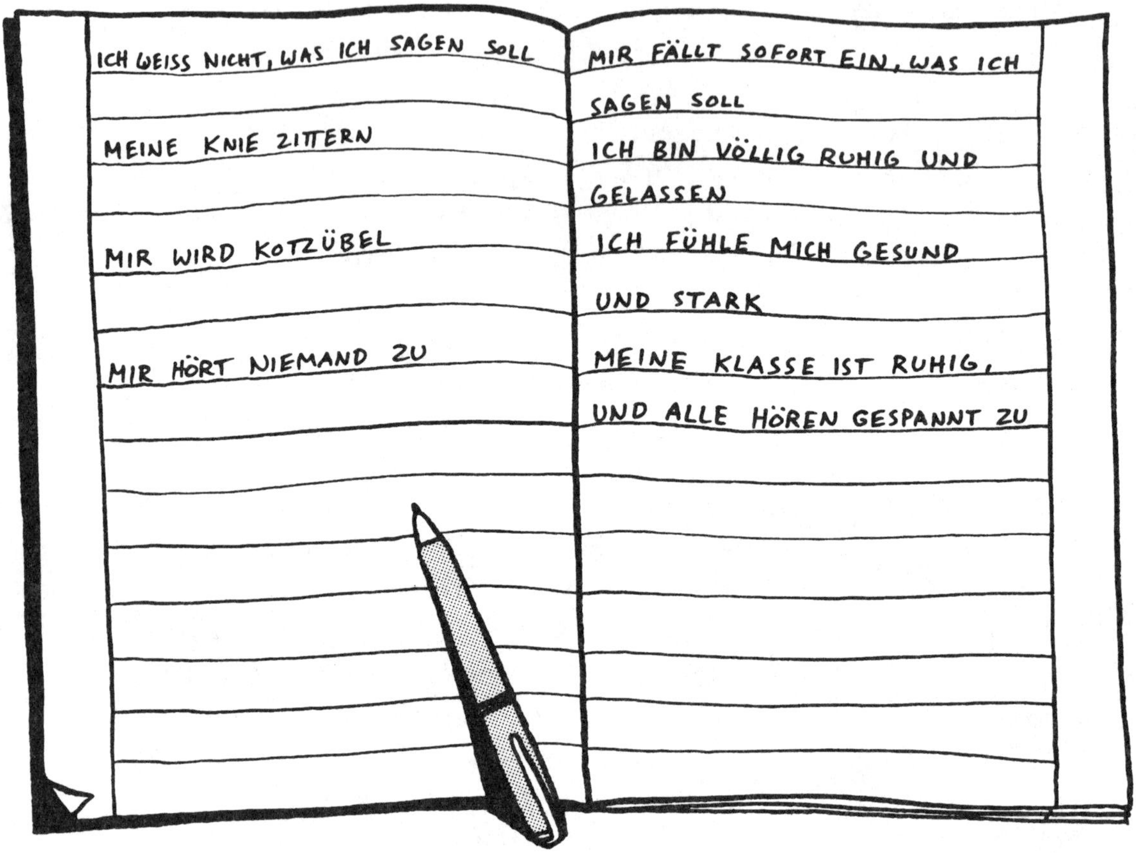

Fange jetzt an und lass dir viel Zeit.

Negative Gedanken vernichten

Jetzt stehen deine positiven Vorstellungen auf der rechten Heftseite. Die negativen benötigst du jetzt nicht mehr. Reiße dazu die linke Heftseite mit den negativen Gedanken aus dem Heft heraus, zerknülle sie oder zerfetze sie in tausend Einzelstücke und wirf sie in den Mülleimer. Du kannst auch einen Papierflieger aus der Seite basteln und ihn von einer Brücke oder einem hohen Gebäude in die Ferne segeln lassen. Somit sind deine negativen Gedanken vernichtet.

Mit den positiven Gedanken arbeiten

In deinem DIN-A4-Heft stehen nun auf der ersten Seite deine positiven Gedanken. Führe das Heft wie ein Tagebuch. Wenn du positive Erfahrungen mit mündlicher Mitarbeit machst, schreibe sie in dein Heft. Wenn du es aufschlägst, lies immer zuerst diese Seite. Schlage in den nächsten acht Wochen jeden Tag nach den Hausaufgaben diese Seite auf und lies sie!
Überlege, welcher Satz dir am besten gefällt. Schreibe ihn mit großen Buchstaben in die Mitte der zweiten Heftseite. Lerne ihn auswendig und sage ihn dir immer wieder vor: auf dem Schulweg, vor dem Einschlafen, morgens nach dem Wecken, beim Essen. Er ist dann dein persönlicher Merksatz geworden.

KÖRPERCHECK

Mit Hilfe dieser Übung nimmst du die Reaktionen deines Körpers bewusst wahr. Wie der Pilot eines Flugzeuges vor dem Start die Funktionen seines Fliegers durchcheckt, überprüfst du die Funktionen deines Körpers von oben nach unten. Gehe dabei die folgende Checkliste durch und zwar in der angegebenen Reihenfolge.

Versuche dabei, Vergleiche zu ziehen. Sage nicht einfach „Mein Herz rast so schnell", sondern vielleicht „Mein Herz schlägt wie der Rhythmus einer Techno-Gruppe" oder nicht nur „Mein Mund fühlt sich trocken an", sondern z.B. „Mein Mund ist so trocken wie die Wüste Sahara".

Probiere es jetzt einmal aus: Lehne dich zurück oder lege dich auf ein Sofa und checke deinen Körper von oben bis unten durch!
Am Anfang dauert der Check etwas länger. Aber je öfter du ihn machst und somit Übung bekommst, desto schneller geht er. Mache ihn deshalb die nächsten acht Wochen immer jeden Tag vor dem Einschlafen.
Für einen Kurzcheck benötigst du nach ein wenig Übung nur noch 5–10 Sekunden. Diesen Körpercheck machst du nun immer, bevor du dich meldest, an die Tafel gehst oder mit einem Referat beginnst.

Der Körpercheck verhindert, dass dein Gehirn blockiert und du somit nicht mehr frei denken und reden kannst. Denn wenn du versuchst, deine unangenehmen Körperreaktionen zu verleugnen, wird sehr viel Anstrengung und Energie benötigt, um das, was mit deinem Körper geschieht, zu unterdrücken. Dadurch entsteht eine große Anspannung, die zu einer Denkblockade führt. Es ist dabei völlig egal, wie du dich an den unterschiedlichsten Stellen deines Körpers fühlst. Hauptsache, du beobachtest und kontrollierst deine Körperreaktionen.

ATEMÜBUNG

Eine Atemübung kannst du immer machen, wenn du innerlich Nervosität und Unruhe verspürst. Dies zeigt sich am ehesten dadurch, dass dein Puls schneller wird und dein Herz lauter und heftiger schlägt. Die Übung bringt deinen Pulsschlag wieder in einen normalen Rhythmus, so dass du dich danach wieder ruhiger fühlst.

Setze dich dazu gerade auf einen Stuhl. Die Füße setzt du nebeneinander mit ca. 20–30 Zentimeter Abstand fest auf den Fußboden. Du spürst dabei den Boden mit deiner ganzen Fußsohle. Lege die Hände locker auf deinen Bauch, so dass du bei jeder Atmung die Bewegung deines Zwerchfells ertasten kannst. Schließe die Augen, atme langsam und tief durch die Nase ein. Zähle dabei innerlich langsam bis fünf. Wenn du die Luft durch die Nasenlöcher eingeatmet hast, halte sie kurz fest und atme genauso langsam durch den Mund wieder aus. Zähle, während du ausatmest, wieder innerlich langsam bis fünf. Wiederhole die Übung, bis du zehnmal langsam ein- und ausgeatmet hast.

Beginne jetzt mit deiner Atemübung!

Mache in der Schule immer dann eine kurze Atemübung, wenn du nervös wirst. Dies kann sein, wenn du weißt, dass du gleich etwas vor der Klasse sagen musst, wenn der Lehrer die Arbeitsblätter für die Klassenarbeit austeilt oder bevor du zum Hoch- oder Weitsprung Anlauf nimmst. Fünfmal langsam ein- und ausatmen reicht meistens schon aus, um viel ruhiger zu werden. Du musst dabei auch nicht die Augen schließen, sondern du kannst mit deinem Blick einen bestimmten unbeweglichen Punkt im Klassenraum fixieren.

KONZENTRATIONSÜBUNG

Wie die Atemübung hilft dir auch die Konzentrationsübung, in unruhigen Momenten wieder ruhiger und entspannter zu werden. Bei dieser Übung konzentrierst du dich auf einen bestimmten Punkt deines Körpers.
Setze dich wie bei der Atemübung gerade auf einen Stuhl. Schüttle deine Hände zwanzigmal kräftig. Lege dann die Hände auf deine Oberschenkel. Versuche jetzt, das kribbelnde Gefühl in deinen Fingerspitzen zu spüren. Konzentriere dich noch weiter, bis du auch ein leichtes Pochen in den Fingerspitzen bemerkst. Versuche es jetzt!
Beim ersten Mal wirst du vielleicht nur ein Kribbeln, aber kein Pochen verspürt haben. Auch das ist eine Sache der Übung. Je öfter du diese Konzentrationsübung machst, desto konzentrierter wirst du.
Diese Übung kannst du immer dann machen, wenn du nervös wirst und dich nicht konzentrieren kannst. Wenn du nicht möchtest, dass andere Leute es sehen, kannst du sie ja z.B. vor einem Referat oder einer Klassenarbeit in einer stillen Ecke oder auf dem Klo machen.

ENTSPANNUNGSÜBUNG

Sich in unserer hektischen Zeit entspannen zu können, ist eine wichtige Eigenschaft. Sehr gut geht das natürlich an einem schönen, einsamen Strand am Meer, während dir bei einem Glas wohlschmeckenden Fruchtsafts und einer saftigen Honigmelone die Sonne auf den Bauch scheint. Wahrscheinlich bist du momentan nicht in dieser glücklichen Lage. Es sei denn, du liest dieses Buch tatsächlich an einem Strand. Da dein Körper und dein Geist unauflöslich miteinander verbunden sind, kann schon die richtige Vorstellung dieser Situation deinen Körper beeinflussen. Du kannst dir auf diese Art und Weise das wohltuende und entspannende Gefühl verschaffen.

Versuche es doch einfach einmal:
Lege eine ruhige Musik auf, die auch aus einem Radio am Strand dröhnen könnte. Suche dir ein ruhiges, kuscheliges Plätzchen in deinem Zimmer. Lege dich ganz entspannt und locker auf einen weichen Untergrund, die Beine leicht gespreizt und die Arme lässig neben dem Körper. Wenn du es noch wärmer magst, kannst du eine Wolldecke über deine Beine bis zur Brust legen. Schließe

die Augen. Stelle dir nun die Situation an dem Strand **mit allen Sinnen** vor:
Was **siehst** du?
Was **hörst** du?
Was **schmeckst** du?
Was **riechst** du?
Was **fühlst** du?

Du siehst den blauen Himmel, die Weite des Meeres, ein einzelnes Segelschiff schippert langsam in weiter Entfernung. Eine ruhige, leise Musik hörst du aus dem Radio. Das Meer rauscht sanft, du hörst die Wellen leise an den Bootssteg schlagen. Der Saft schmeckt süß und überdeckt den salzigen Geschmack des Meerwassers auf deinen Lippen. Du riechst das Meer und je nachdem, wie der Wind steht, kommt ein Duft von frischgebackenen Eiswaffeln aus der nahe gelegenen Eisdiele zu dir herüber. Du fühlst den warmen, feinen Sand unter deinen Füßen, die Strahlen der Mittagssonne und die angenehm kühlende Luft, die vom Meer weht, und fühlst dich sauwohl.

Wenn deine Fantasiereise zu Ende ist, musst du dich langsam wieder in die Realität zurückbegeben. Lasse deine Augen dabei noch geschlossen. Bewege zuerst deine Finger, dann deine Hände und beginne dann, dich zu recken und zu strecken. Gähne laut dabei und öffne wieder die Augen.
Probiere es nun selbst einmal aus. Mache es dir in deiner Kuschelecke bequem und beginne deine Fantasiereise zum einsamen Strand!

Fantasiereisen eignen sich am besten, um einmal richtig zu entspannen. Solche Reisen kannst du zu allen nur denkbaren schönen und ruhigen Orten unternehmen. Ob auf einem fliegenden Schiff über dem Ozean, einer Wolke auf der Reise zu einem anderen Planeten, in einem Segelflugzeug über einem riesigen Safaripark, bei einer Reise auf dem Meeresgrund: Überall kannst du deiner Fantasie freien Lauf lassen und dich dabei entspannen.
Eine solche Übung hilft dir, innerlich ruhiger und ausgeglichener zu werden. Jeder gute Redner macht vor einer Rede eine Entspannungsübung. Für Fernsehmoderatoren ist dies ein absolutes Muss, sonst überstehen sie den Stress der Sendung nicht. Auch Sportler nutzen Entspannungen, um ruhig in den Wettkampf zu gehen.

Es gibt auch schon Entspannungskassetten oder CD's mit Entspannungsmusik und Fantasiegeschichten zu kaufen. Sehr schön ist unsere Entspannungskassette mit eigener Musik und eigenen Texten. Sie ist bei MIND UNLIMITED, Forsthausstraße 56, D-35043 Marburg, Tel. 06421-94848-0 (aus Österreich und der Schweiz 0049-6421/94848-0) käuflich zu erwerben.

Mache vor jedem Referat, das du halten musst, eine Entspannungsübung. Solltest du am Tag vor einem Referat nicht einschlafen können, hilft mit Sicherheit eine Fantasiereise. Nutze jede freie Zeit, um dich einmal so richtig zu entspannen.

Kapitel 2: Den Unterricht erfolgreich mitgestalten

Wenn du wissen möchtest, wie du dich mehr am Unterricht beteiligen und somit deine Noten im Mündlichen verbessern kannst, hast du das richtige Kapitel aufgeschlagen. Hier bekommst du eine Menge Tipps und Anregungen dazu. Darüber hinaus macht dir der Unterricht, in dem du nicht nur rein körperlich anwesend bist, mehr Spaß. Du bist interessiert bei der Sache, redest mit, stellst Fragen, wenn dir etwas unklar ist, fühlst dich gut, wenn dich der Lehrer während des Unterrichts lobt, und bist erstaunt, wie schnell 45 Minuten vorübergehen können. Und du bekommst eine gute mündliche Note, weil du den Unterricht erfolgreich mitgestaltest.

Mündliche Leistung selbst kontrollieren

Mit der Leistungskontrolle im Mündlichen ist das so eine Sache. Im Gegensatz zum Schriftlichen, wo ja unter jeder Klassenarbeit eine eindeutige Ziffer steht, erfährst du deine mündliche Note erst bei der Notenbesprechung vor den Zeugnissen. Für eine Ergebniskorrektur ist es dann zu spät. Manche Lehrer ziehen während des Schuljahres eine Zwischenbilanz und teilen den Schülern der Klasse mit, wo sie zur Zeit mündlich stehen. Dies ist aber eher noch eine Seltenheit. Also musst du dich auf dein eigenes Gefühl verlassen, das dir z.B. sagt: „Es wäre ja nicht schlecht, in Mathe die nächsten Wochen intensiver mitzuarbeiten, damit ich die verpatzte letzte Klassenarbeit noch ausgleichen kann."
Oder: „In Deutsch könnte ich noch ein Referat machen. Dann krieg' ich wieder meine 2."
Besser ist es, wenn du immer einen Überblick über deine mündliche Mitarbeit hast. Den verschaffst du dir mit der Gedächtnis-Uhr.

DIE GEDÄCHTNIS-UHR

Die Gedächtnis-Uhr ist eine Verlaufsskizze, die du für jede Unterrichtsstunde neu in das entsprechende Schulheft einzeichnest. Sie steht immer unter dem Datum und Thema der Stunde. So einfach ist sie:
Zeichne einen Kreis. Nimm dazu einen Zirkel oder einen runden Gegenstand mit etwa 8 cm Durchmesser zur Hilfe. Zerlege den Kreis mit einem Lineal in vier Viertel und schraffiere ein Viertel. Die weißen Viertel stehen jeweils für 15 Minuten. Schreibe zum besseren Überblick Zeitangaben an den Kreis. Du kannst diese Grundskizze am Vortag oder kurz vor Beginn der Stunde in das Heft einzeichnen. Mache dann während der Unterrichtsstunde ganz kurze Randbemerkungen, was zu welcher Zeit gemacht wurde. Dies ist eine wichtige Gedächtnisstütze für deine Hausaufgaben und Klassenarbeitsvorbereitungen. Für deine mündliche Leistungskontrolle mache Folgendes:

- Zeichne einen Kreis, wenn du dich meldest.
- Zeichne ein Kreuz, wenn du drangekommen bist.
- Zeichne ein Ausrufezeichen, wenn du einen richtigen oder guten Beitrag geleistet hast.

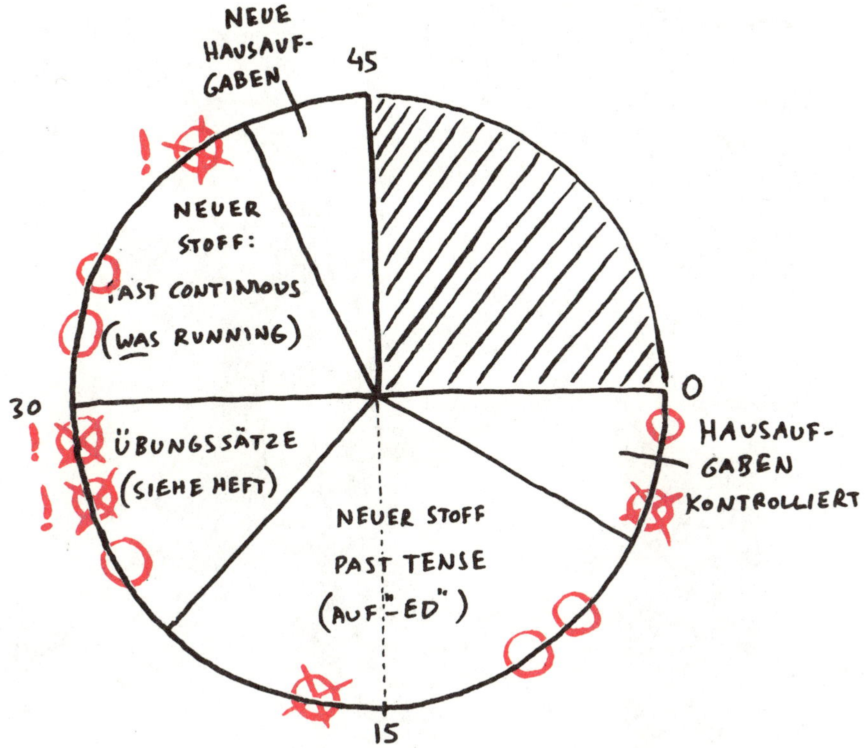

Denke dabei daran, dass die Notizen sehr knapp sein sollen und nur wenig Zeit in Anspruch nehmen dürfen. Sonst stört diese Technik deine Aufmerksamkeit für den Unterricht.
Du hast mit der Gedächtnis-Uhr einen ständigen Überblick über dein mündliches Engagement und zur Not auch eine gute Kontroll- und Argumentationshilfe, wenn du dich bei der Notengebung mal von einem Lehrer ungerecht behandelt fühlst.

DEINE PERSÖNLICHEN ZIELE

Du hast dir vorgenommen, dich im Mündlichen zu verbessern. Und damit es nicht nur beim guten Vorsatz bleibt, erklärst du dies zu einem persönlichen Ziel. Ein bekannter Wissenschaftler definiert das Ziel als „ein zukünftig erstrebenswerter Zustand“. Dies klingt ein wenig abgehoben, trifft aber die Sache im Kern. Deine persönlichen Ziele sind somit deine eigenen Zukunftswünsche, die du selbst erreichen möchtest.

Zielformulierung

Es ist natürlich nicht sinnvoll, sich viele x-beliebige Ziele zu setzen. Sind es zu viele Ziele, verrennst du dich im Eifer des Gefechtes. Dies kann im schlimmsten Fall dazu führen, dass du keines der gesetzten Ziele erreichst. Das würde dich mit Sicherheit demotivieren. Die sinnvollste Methode ist, sich auf ein bis zwei Ziele zu beschränken. Überlege dir bei deiner Zielformulierung, ob du das Ziel

- wirklich selbst erreichen möchtest,
- mit den eigenen Kräften erreichen kannst und
- in naher Zukunft verwirklichen kannst.

Prüfe vor allem, ob das Ziel realistisch ist. Wenn du z.B. in Mathematik mündlich auf einer knappen 4 stehst, wird die Erreichung des Zieles „Ich will mich im Mündlichen in Mathe auf eine 1 verbessern" eher unwahrscheinlich sein. Die Ziele musst du auch nicht unbedingt an Noten festmachen. Andere Zielarten als die Verbesserung der mündlichen Note sind z.B.:

- „Ich will im Unterricht aufpassen und nicht mehr schwätzen."
- „Ich will mich in jeder Schulstunde mindestens dreimal melden."
- „Ich will mich immer melden, wenn ich etwas weiß."
- „Ich will mich schon zu Hause immer auf das Vortragen der Englisch-Hausaufgaben vorbereiten."
- „Ich will in Biologie freiwillig ein Referat machen."

Ist jedoch in deiner Zielformulierung der Erfolg klar beziffert (z.B. „Ich will mich in Geschichte so am Unterricht beteiligen, dass ich mich um zwei Noten verbessern werde"), ist es notwendig, dass du einen genauen Zeitpunkt benennst, bis zu dem du das Ziel erreichen möchtest. Und denke daran, dass dieser Zeitpunkt nicht in zu weiter Ferne liegt.

Strategieentwicklung und Zielbetrachtung

Um dein persönliches Ziel zu verwirklichen, musst du dir eine bestimmte Strategie überlegen. Spätestens beim Entwickeln der Strategie sollte dir ein unrealistisches Ziel auffallen. Dann musst du noch einmal zum Punkt „Zielformulierung" zurückkehren und eine Korrektur vornehmen. Überlege dir also, was du tun musst, um an dein Ziel zu gelangen. Mache dazu eine Zielbetrachtung:

Stelle dir in Etappen vor, wie du dein Ziel erreichst. Bei dieser Betrachtung triffst du automatisch auf Hindernisse, die du nur mit einer Strategie überwinden kannst. Dies könnten z.B. Strategiepunkte für das Ziel „Ich will mich bis zu den Halbjahreszeugnissen in Deutsch mündlich um zwei Noten verbessern!" sein:

1. In jeder Deutschstunde aufpassen!
2. Ein ordentliches Schulheft führen!
3. Mit der Gedächtnisuhr arbeiten!
4. Immer Fragen stellen, wenn ich mal was nicht weiß!
5. Immer melden, wenn ich etwas weiß!
6. Freiwillig ein Referat annehmen!

Du solltest in regelmäßigen Abständen überprüfen, ob du die Strategien einhältst, noch auf Kurs zu deinem Ziel bist oder dich mittlerweile verirrt hast. Dann musst du unbedingt eine Kurskorrektur vornehmen, um dein Ziel noch rechtzeitig zu erreichen.

STUFENPLAN – MEHR MELDEN

Wenn du eher zu den Stillen deiner Klasse zählst und dich kaum freiwillig meldest, ist es sinnvoll, einen Stufenplan zu entwickeln. Dort trägst du ein, wie häufig du dich in welcher Woche und in welchem Fach melden möchtest. Mit Hilfe der Gedächtnis-Uhr kannst du dann kontrollieren, ob du dies erreicht hast. Dein Stufenplan könnte so aussehen:

MÄRZ: FACH	SO OFT WILL ICH MICH MINDESTENS PRO SCHULSTUNDE MELDEN:	GESAMTE SCHULSTUNDEN IM MONAT MÄRZ:
DEUTSCH	2	16
MATHE	1	14
GESCHICHTE	2	10

APRIL: FACH	SO OFT WILL ICH MICH MINDESTENS PRO SCHULSTUNDE MELDEN:	GESAMTE SCHULSTUNDEN IM MONAT APRIL:
DEUTSCH	3	18
MATHE	2	12
GESCHICHTE	2	10
BIOLOGIE	1	6
ENGLISCH	1	16

Plane immer von einem zum anderen Monat. Dies garantiert, dass du dich nicht über- oder unterschätzt und somit die Zahlen für den nächsten Monat korrigieren kannst. Der Monatsplan ist übrigens sehr praktisch. Wenn du dich z.B. mal in einer Stunde gar nicht oder weniger als geplant meldest, kannst du das in ei-

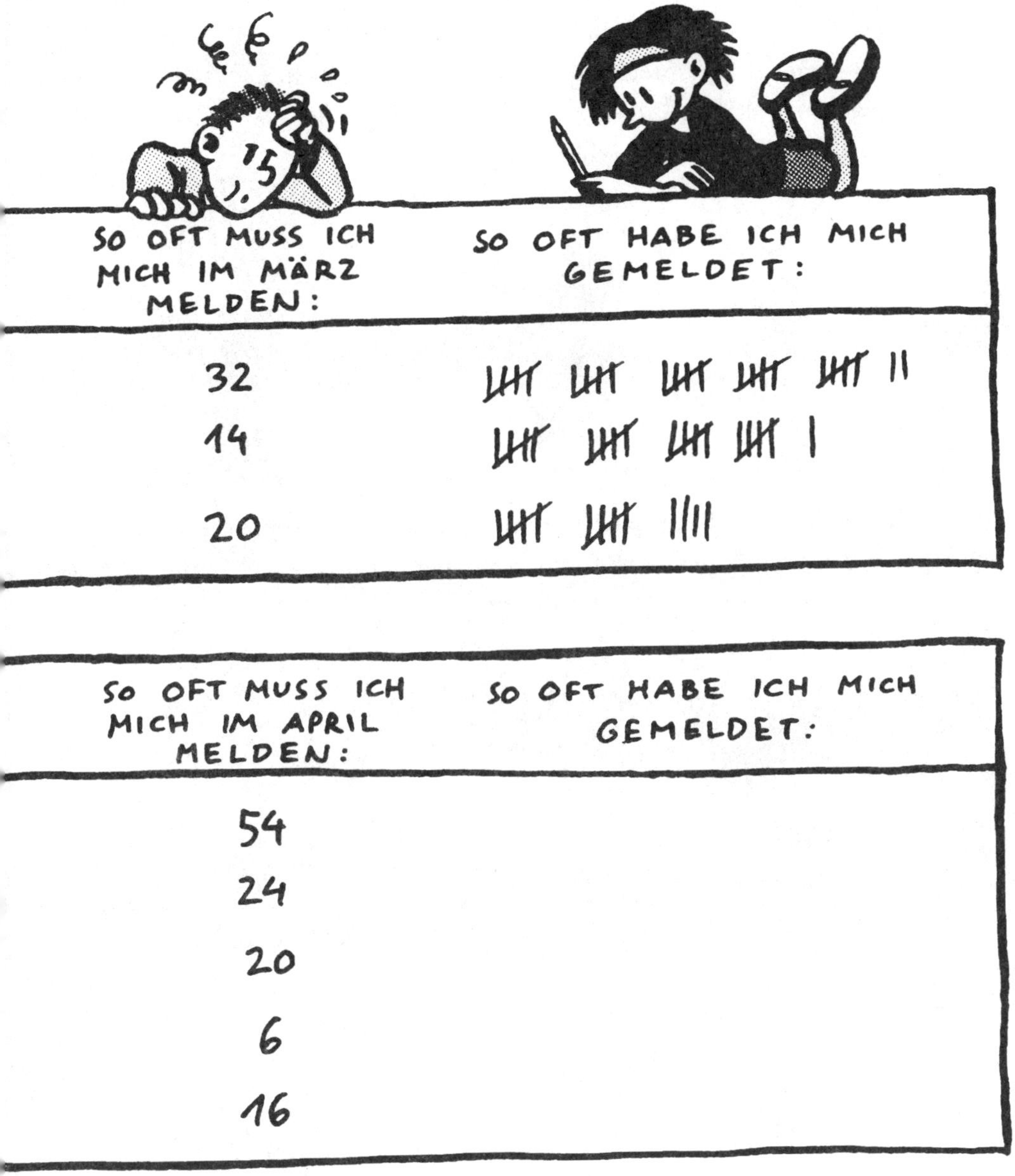

ner nächsten Stunde wieder ausgleichen, indem du dich dann entsprechend öfter meldest. Es kommt schon einmal vor, dass du dein Tagespensum nicht einhalten kannst, weil ihr vielleicht über die Hälfte der Stunde einen Film schaut, du dich nicht wohl fühlst oder einfach mal keine Lust hast mitzuarbeiten.

EIN VERTRAG MIT DIR SELBST

Mache dir nun Gedanken über deine persönlichen Ziele. Formuliere dann ein realistisches Ziel, welches sich auf deine mündliche Mitarbeit im Unterricht bezieht. Überlege dir entsprechende Strategien, wie du dieses Ziel erreichen kannst. Sprich mit deinen Eltern über das Ziel und frage sie, ob sie dich bei der Zielerreichung unterstützen wollen.

Die beste Motivation ist ein heiß ersehntes Geschenk oder eine nette Überraschung. Schließe dann einen schriftlichen Vertrag mit dir ab.

Ein Vertrag ist wesentlich verbindlicher als eine mündliche Abmachung. Unterschreibe den Vertrag (wenn dich deine Eltern unterstützen, müssen sie auch unterschreiben!) und hänge ihn an einen Ort, wo du ihn jeden Tag siehst.

Hier findest du ein Beispiel für einen solchen Vertrag:

VERTRAG

NAME: PATRICIA

- MEIN PERSÖNLICHES ZIEL IST, … MICH IN MATHEMATIK IM MÜNDLICHEN UM ZWEI NOTEN ZU VERBESSERN

- ERREICHEN MÖCHTE ICH DIESES ZIEL BIS … ZU DEN ZEUGNISSEN IM JULI

- UM DIESES ZIEL ZU ERREICHEN, MUSS ICH …
  - DEM UNTERRICHT AUFMERKSAM FOLGEN
  - MICH IN JEDER STUNDE DREIMAL MELDEN
  - MEIN HEFT SORGFÄLTIG UND ORDENTLICH FÜHREN
  - MICH MIT DER GEDÄCHTNISUHR KONTROLLIEREN

- UM DIE ERREICHUNG DES ZIELS ZU KONTROLLIEREN, … ÜBERLEGE ICH JEDEN FREITAG NACH DEM MITTAGESSEN 5 MINUTEN LANG, OB ICH MEINE STRATEGIE EINHALTE ODER ETWAS VERÄNDERN MUSS

- WENN ICH MEIN ZIEL ERREICHT HABE, … BEKOMME ICH VON MEINEN ELTERN EINE EINTRITTSKARTE FÜR EIN ROCK-KONZERT IM SOMMER

ORT: ______ DATUM: ______

MEINE UNTERSCHRIFT: ______

UNTERSCHRIFT MEINER ELTERN: ______

Aktives Zuhören

STÖRUNGEN DER KONZENTRATION IM UNTERRICHT

Es gibt einige Dinge, die dich vom Aufpassen im Unterricht abhalten und somit deine Konzentration stören können. Unterschieden werden äußere und innere Störfaktoren.

Äußere Störungen wirken von außen auf dich ein und verhindern, dass du dem Unterricht aufmerksam folgen kannst.

Dies können z.B. sein:

- ein gesprächiger Tischnachbar;
- das Knarren eines kaputten Stuhles;
- der Lärm von der Baustelle;
- das blendende Licht der Sonne;
- der unangenehme Geruch deiner Socken.

Die meisten äußeren Störungen lassen sich auf eine leichte Art in den Griff bekommen. Der neueste Klassenklatsch wird auf die Pause verschoben, der knarrende Stuhl wird ausgetauscht, bei störendem Sonnenschein werden die Vorhänge zugezogen oder die Rollos gekippt, und die Socken werden öfter mal gewechselt. Manche Störungen, wie z.B. der Lärm von einer Baustelle, können nicht so ohne weiteres beseitigt werden. Damit musst du – wie auch deine Mitschüler – leben.

Innere Störungen kommen aus deinem Inneren. Entweder du fühlst dich krank, oder es beschäftigen dich Gedanken so stark, dass du dich nicht auf den Unterricht konzentrieren kannst. Solche Gedanken können z.B. sein:

- Stress zu Hause;
- Liebeskummer;
- eine negative Klassenarbeit;
- die Überlegung, was du einer Freundin zum Geburtstag schenken sollst.

Ablenkende Gedanken lassen sich nicht vermeiden. Irgendetwas schwirrt jedem während einer Unterrichtsstunde durch den Kopf. Versuche solche Gedanken auf die Pause oder auf die Zeit nach der Schule zu verschieben. Persönliche Probleme kannst du im Unterricht sowieso nicht lösen, du machst dir höchstens nur noch neue.

TIPP

Besorge dir ein kleines Notizbuch im DIN-A7 - oder DIN-A8-Format. Stecke das Buch in eine Hosen- oder Jackentasche. Hole es hervor, wenn dir ein wichtiger Gedanke, der nichts mit dem Unterricht zu tun hat, durch den Kopf geht. Schreibe ein Stichwort, das dich auch später wieder daran erinnert, in das Büchlein. Stecke das Buch dann wieder ein. Du kannst es nach der Stunde oder nach der Schule wieder hervorholen. Überlege dir nun, was du tun kannst, um das Problem zu lösen.

Wer sich körperlich unwohl fühlt, kann sich nur schwer konzentrieren. Sorge dafür, dass folgende Punkte erfüllt sind, wenn du im Unterricht sitzt:

- du bist gesund;
- du bist ausgeschlafen;
- du bist gut ernährt und satt;
- du trägst bequeme Kleidung;
- du fühlst dich fit.

Für den kleinen Hunger zwischendurch nimmst du dir ein Pausenbrot, etwas Obst und Milch mit. So tankst du neue Energien.

DIE UNTERRICHTSMITSCHRIFT

Während des Unterrichts solltest du das Wichtigste mitschreiben, damit du den Stoff bei deinen Hausaufgaben und Klassenarbeitsvorbereitungen nachvollziehen kannst. Aber wirklich nur das Wichtigste. Wenn du dich zu lange mit dem Schreiben aufhältst, könntest du wichtige Punkte, die währenddessen gesagt werden, verpassen. Und es ist ziemlich schwer, gleichzeitig zu schreiben und zuzuhören. Manche Lehrer kündigen an, dass während ihres Unterrichts nicht mitgeschrieben werden muss. Sie fassen das Wichtigste am Ende der Stunde zum Mitschreiben zusammen oder schreiben es an die Tafel. Wenn sie dies nicht tun, solltest du alles, was dir wichtig erscheint, in kurzen Stichpunkten in dein Schulheft schreiben.

In ein ordentlich geführtes Schulheft gehören:

- Datum der Stunde
- Thema der Stunde
- Die Gedächtnis-Uhr
- Unterrichtsmitschrift
- Tafelmitschrift und Lehrerdiktat
- Hausaufgaben

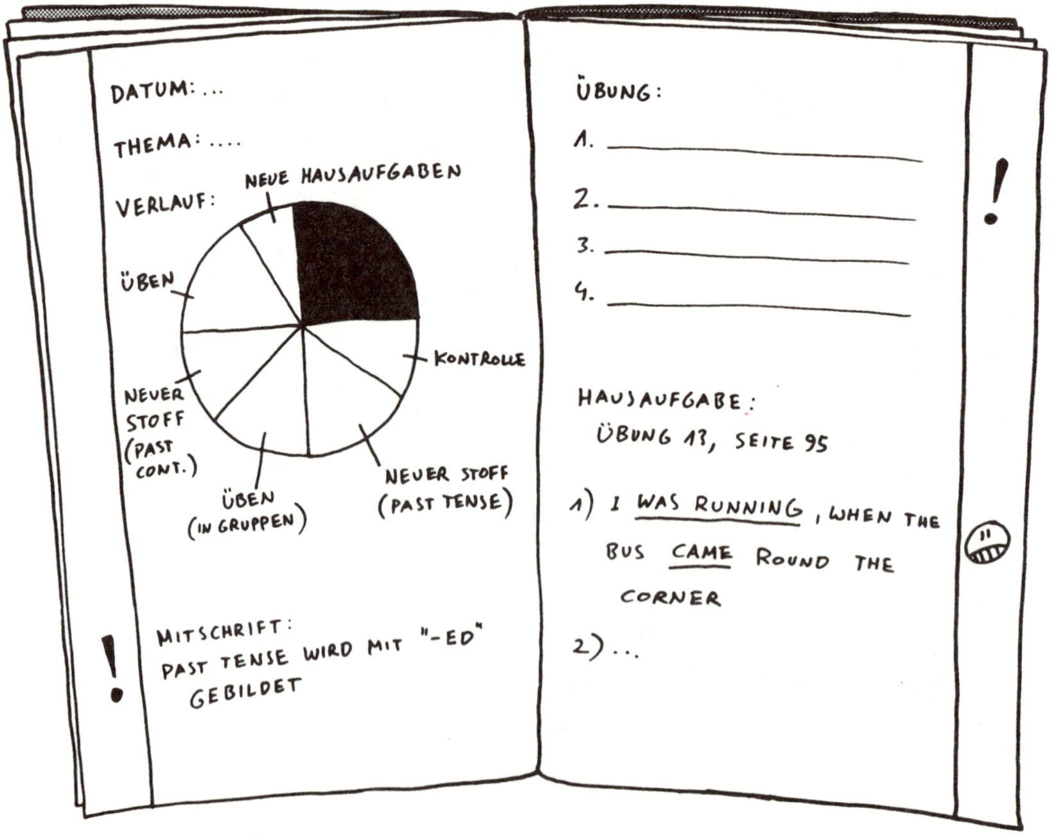

Die richtige Heftführung findest du ausführlich erklärt in dem MIND UNLIMITED-Lernhilfebuch „Hausaufgaben erledigen“.

FRAGEN STELLEN!

Es kann immer wieder vorkommen, dass du etwas nicht verstanden hast. Du musst wissen, dass es unterschiedliche Lerntypen gibt und Lehrer auf unterschiedliche Art und Weise erklären. Was du bei dem einen Lehrer nie kapiert hast, verstehst du aufgrund der Erklärung eines anderen Lehrers vielleicht sofort. Also ist es kein Zeichen von Dummheit, wenn du mal etwas nicht verstanden hast. Es wird nur zu einem Problem, wenn dich die Frage den Rest der Stunde beschäftigt und nicht beantwortet wird. Das kann im schlimmsten Fall dazu führen, dass du überhaupt nichts mehr kapierst und dann abschaltest.

Deshalb frage immer, wenn du etwas nicht verstanden hast:

- „Ich habe das mit dem Teilen von Brüchen noch nicht verstanden. Könnten Sie das bitte noch einmal erklären?“
- „Wie ist das noch mal mit dem Futur. Wann nimmt man ‚will‘ und wann ‚going to‘“?

Stelle die Frage so präzise wie nur möglich. Packe alles, was du nicht verstanden hast, in die Frage. Dann muss der Lehrer nicht noch mal nachfragen, was dir unklar ist, und gibt die Frage an die Klasse weiter oder beantwortet sie selbst.
Auch wenn du unsicher bist, ob du etwas richtig verstanden hast, solltest du rückfragen:

- „Ist das richtig, dass man beim Teilen von zwei Brüchen den einen mit dem Kehrwert des anderen multipliziert?“
- „Stimmt es, dass man ‚going to‘ dann nimmt, wenn man etwas ausdrücken will, was ganz sicher geplant ist?“

Frage immer nach! Deinem Lehrer zeigt dies, dass du dem Unterricht **aktiv** folgst.
Das macht einen guten Eindruck und ist auch gut für deine mündliche Note.

Und merke dir eines: **Es gibt keine dummen Fragen, nur dumme Antworten!**

Der mündliche Beitrag

DIE VORBEREITUNG ZU HAUSE

Du müsstest schon hellseherische Fähigkeiten besitzen, um vorauszuahnen, welche Fragen ein Lehrer während des Unterrichts stellen wird. Es gibt aber zwei Fälle, für die du dich zu Hause vorbereiten kannst, um dann im Unterricht mündliche Pluspunkte zu sammeln: das Vortragen von Hausaufgaben und das Vorlesen von Texten.

Hausaufgaben vortragen

Einige Lehrer lassen die Ergebnisse der Hausaufgaben vortragen. In diesen Fächern ist es sinnvoll, das Vortragen vorzubereiten. Wenn du zu Hause einen Probedurchgang machst, fühlst du dich später beim Vortragen sicherer. Stelle dir dazu die Situation im Unterricht vor:

- Wo sitzt du?
- Wer sitzt neben dir?
- Wo sitzt oder steht der Lehrer?

- Wie fühlst du dich, wenn du dich meldest?
- Wie ist dein Gefühl, wenn du drangenommen wirst?
- Wie beginnst du deinen Beitrag?
- Was sagst du dann?
- Wie fühlst du dich, wenn du fertig vorgetragen hast?

Achte darauf, dass du möglichst ganze Sätze formulierst. Wenn die Aufgabenstellung noch nicht vorgelesen wurde, kannst du mit den Worten:
„Die Aufgabenstellung lautet: ...“ oder
„Die Aufgabe war es, ...“
beginnen und dann z.B. fortfahren mit:
„Als Lösung habe ich Folgendes ermittelt: ...“,
„Ich bin zu dem Ergebnis gekommen, dass ...“ oder
„Ich habe die Aufgabe folgendermaßen gelöst: ...“.

Erläutere deine Ergebnisse, soweit dies möglich ist. Solltest du der Meinung sein, dass eine bildliche Darstellung deine Erklärung sinnvoll unterstützen kann, nimm auf jeden Fall die Tafel zu Hilfe.
Es nimmt dir übrigens niemand übel, wenn dir bei den Hausaufgaben mal ein Fehler unterläuft. Die Möglichkeit, dass deine Lösungen ja falsch sein könnten, sollte dich auf keinen Fall davon abhalten, die Hausaufgaben vorzutragen.

Texte vorlesen

Viele Schüler behaupten, dass Lesen eigentlich kein richtiger mündlicher Beitrag sei. Lesen ist aber ein wichtiger Bestandteil des Unterrichts. Gelesene Texte können erläutern, den Lernstoff veranschaulichen, neue Informationen geben oder auch zur Diskussion anregen. Der Inhalt des Textes ist zwar nicht von dir, du kannst ihn jedoch interessant gestalten und ihm somit eine persönliche Note geben. Einem interessant gelesenen Text hört die Klasse viel lieber zu als einem ausdruckslosen Genuschel. Und jeder Lehrer ist glücklich, wenn ein Text gut vorgelesen wird. Zusätzlich trainierst du beim Vorlesen deine Stimme und wirst selbstsicherer. In den meisten Fächern ist schon vorher klar, welcher Text in der nächsten Stunde an der Reihe ist. Somit kannst du solche Texte schon einmal üben, indem du sie dir laut vorliest. In Kapitel 4 findest du einige Tipps und Übungen zum richtigen Lesen.

Schon zu Hause vorarbeiten?

Wenn du zu Hause im Schulbuch ein paar Seiten weiter blätterst, um zu schauen, was in der nächsten Zeit im Unterricht dran ist, oder um dir einen Überblick über ein bestimmtes Stoffgebiet zu verschaffen, ist das o. k. Eine gezielte Vorbereitung des neuen Lernstoffs macht jedoch keinen Sinn und bringt dir meist auch keinen Vorteil. Dazu ist es oft nicht leicht, die knappen Erklärungen in den Schulbüchern zu verstehen. Mit dieser zusätzlichen Arbeit bringst du dich nur um wertvolle Freizeit, die du angenehmer nutzen kannst.

DEIN PLATZ IM KLASSENZIMMER

Du solltest dich prinzipiell dort hinsetzen, wo du dich wohl fühlst und wo du glaubst, konzentriert im Unterricht mitmachen zu können. Solltest du dir aber nicht sicher sein, wo dieser Platz ist, können dir bei der Entscheidung folgende Überlegungen helfen:

Wenn du einen Lehrer nett findest und dich in seiner Umgebung sicher fühlst, kannst du dich in seinem Unterricht in die vorderste Reihe setzen. Sollte dir die Nähe zu einem Lehrer jedoch ein Gefühl des Unbehagens bereiten, ist dies der falsche Platz. Dies gilt auch für den Fall, dass es dich stört, wenn dir der Rest der Klasse im Rücken sitzt und du während des Unterrichts kaum jemanden siehst. Bei der Anordnung der Tische in der U-Form spielt dieses Problem keine Rolle. Sie ist auch die kommunikativste Möglichkeit, aber leider nicht in allen Klassenräumen zu realisieren.

Solltest du leicht ablenkbar sein, setze dich weit nach vorne. Meide die Plätze mit freiem Blick aus dem Fenster, wenn du zu Tagträumen neigst, und setze dich auf keinen Fall in die hintersten Bänke, wenn du an Kurzsichtigkeit leidest, aber keine Brille oder Kontaktlinsen trägst.

Die meiste Beachtung schenkt ein Lehrer den Schülern, die in seinem unmittelbaren Blickwinkel sitzen. Wenn du dich nicht so oft meldest, aber dann gerne drangenommen werden möchtest, musst du darauf achten, dass du dich in diesem Blickwinkel befindest. Du musst dann auch nicht mit lautem Schnipsen auf dich aufmerksam machen. In der folgenden Skizze befinden sich die Plätze im optimalen Blickfeld des Lehrers in der rot eingefärbten Fläche.

INHALT UND LÄNGE DES BEITRAGS

Bevor du dich meldest, solltest du dir über

- den Inhalt (was willst du sagen?) und
- die ersten Worte bzw. den ersten Satz (wie möchtest du es ausdrücken?) deines Redebeitrages im Klaren sein.

Während des Meldens darüber nachzudenken, ist äußerst schwierig. Du könntest dich so nicht mehr auf Redebeiträge anderer Schüler oder des Lehrers konzentrieren. Äußere dich nur zum momentanen Unterrichtsgeschehen und weiche nicht unnötig vom Thema ab. Fragen, die gestellt werden, die dann sozusagen „im Raum stehen", müssen zuerst beantwortet werden. Wenn du eine solche Frage nicht beantworten kannst, aber etwas anderes sagen möchtest, warte mit deinem Beitrag, bis die Frage beantwortet wurde.

Es ist auf keinen Fall erforderlich, dass du den genauen Wortlaut deines Redebeitrages kennst, bevor du dich meldest. Erstens reicht dazu die Zeit meist nicht aus, und zweitens nimmt dir das Auswendiglernen jede Spontanität. Das Wissen über die ersten Worte, wie du deinen Beitrag beginnst, verleiht dir ausreichende Sicherheit. Das freie Formulieren ist dann eine Sache der Übung. Je öfter du dich meldest, desto freier wirst du sprechen.

Die Fähigkeit, gleichzeitig zu sprechen und darüber nachzudenken, was du weiterhin sagen willst, wird **Sprechdenken** genannt. Du kannst auch dein Sprechdenken trainieren:
Nimm dir dazu ein Wörterbuch oder ein Lexikon sowie eine Stoppuhr oder eine Uhr mit Sekundenzeiger zur Hand. Schlage eine beliebige Seite auf und suche das erste Substantiv oder Verb auf dieser Seite. Wenn dir das Wort bekannt ist, rede sofort zwei Minuten über den Begriff. Lasse keine langen Pausen. Wenn du mal nicht weiterweißt, sage einfach andauernd „Jetzt fällt mir nichts mehr ein!". Sprich dann weiter über den Begriff, wenn dir wieder etwas einfällt. Im ungünstigsten Fall sagst du zwei Minuten lang „Jetzt fällt mir nichts mehr ein!". Wenn du diese Übung ein paar Mal regelmäßig gemacht hast, wirst du merken, dass sich dein Sprechdenken verbessert.

Achte bei deinen Formulierungen darauf, dass dich sowohl der Lehrer als auch die Schüler verstehen sollen. Verwende nur dann selten gebräuchliche Fremdwörter, wenn du sie sofort erklärst. Überlege aber vorher, ob Fremdwörter überhaupt notwendig sind. Dein Redebeitrag sollte nur für das Unterrichtsgeschehen wichtige Informationen enthalten. Versuche dabei möglichst knapp und präzise zu formulieren. Lange und ausschweifende Erklärungen bzw. Erzählungen ermüden die Klasse und nehmen anderen die Chance, sich ebenfalls mündlich zu produzieren.
Und gibt es etwas Schlimmeres, als den langweiligen und uninteressanten Ausführungen eines Mitschülers zuhören zu müssen?

WENN DU DIE ANTWORT NICHT WEISST

Ab und zu nimmt ein Lehrer auch Schüler dran, die sich nicht gemeldet haben. Dabei möchte er meist stillere zur mündlichen Mitarbeit aktivieren oder geschwätzige zur Aufmerksamkeit bewegen. Mündlich aktive Schüler werden eher selten unvorbereitet drangenommen. Wenn du dich nun in Zukunft regelmäßig am Unterricht beteiligst, wird dir das unangenehme Gefühl, wenn du eine Antwort mal nicht weißt, immer fremder. Solltest du aber in eine solche Situation geraten, musst du dir folgende Frage stellen:
„Habe ich wirklich noch nichts davon gehört, oder fällt mir momentan die Antwort nur nicht ein?“

Wenn du noch nichts davon gehört hast, die Antwort also wirklich nicht wissen kannst, bleiben dir drei Möglichkeiten:
1. Du schweigst solange, bis der Lehrer die Frage weitergibt.
2. Du versuchst, die Antwort zu erraten.
3. Du gibst **sofort** offen zu, dass du die Antwort nicht weißt.

Als eleganteste Lösung empfehle ich Möglichkeit 3, wenn sie nicht regelmäßig eingesetzt wird. Denn ein langes Schweigen ist oft unangenehm, und beim Ratespiel entstehen nicht selten völlig blödsinnige Antworten. Etwas mal nicht zu wissen, ist überhaupt nicht schlimm. Und ein ehrliches Zugeben des Nicht-Wissens zeugt von persönlicher Stärke.

Wenn du aber glaubst, die Antwort schon einmal gewusst zu haben, sie dir aber gerade in diesem Moment nicht einfällt, musst du Folgendes wissen:
Der größte Teil deines Wissens, deiner Erfahrungen und Erlebnisse ist in deinem Langzeitgedächtnis gespeichert. Du kannst dir dein Langzeitgedächtnis wie die Struktur der Festplatte eines Computers vorstellen. Manche Informationen sind in Dateien auf der obersten Ebene gespeichert und können schnell gefunden werden. Andere aber sind in weit verzweigten Verzeichnissen oder versteckten Dateien, die mit bestimmten Suchbefehlen erst einmal ausfindig gemacht werden müssen.
Das bedeutet, dass dein Gehirn eine gewisse Zeit benötigt, bis dieses Wissen wieder verfügbar ist. Das kann schon einige Sekunden dauern, manchmal sogar noch länger.

Nun passiert in der Zeit des „Ausgrabens“ etwas Besonderes: Deine Augen bewegen sich nach einer bestimmten Gesetzmäßigkeit. Du wirst automatisch nach links oben schauen, wenn du dich an ein bestimmtes Bild erinnern willst (visuelle Erinnerung).

Nach rechts oben schaust du, wenn du ein neues Bild konstruieren möchtest (visuelle Konstruktion). Bilder können bestimmte Unterrichts- oder Gesprächssituationen, Buch- oder Heftseiten, aber auch alle sonstigen bildlichen Eindrücke deines täglichen Lebens sein.

Wenn du nach links Mitte schaust, so erinnerst du dich an etwas Gehörtes (auditive Erinnerung).

Schaust du nach rechts Mitte, konstruierst du Klänge, Geräusche oder Worte (auditive Konstruktion).

Der Blick nach rechts unten zeigt gefühlsmäßiges, körperliches Denken (kinästhetisch).

Viele Lehrer kennen diese Gesetzmäßigkeiten nicht und unterbrechen jäh deinen Denkprozess mit rüden Bemerkungen, wie
„An der Decke steht die Lösung bestimmt nicht!",
„Hier vorne spielt die Musik!" oder
„Fang jetzt nicht an zu träumen!".
Sollten dir solche Lehrer in Zukunft begegnen, erkläre ihnen freundlich dieses völlig normale Phänomen der Augenbewegung. Zeige ihnen dieses Buch oder gib ihnen unsere Adresse, falls ihnen die Erklärungen nicht ausreichen.
Sollte der Lehrer bis dahin deinen Denkprozess nicht gestört haben, du konntest die Antwort aber nicht in der Struktur deines Gedächtnisses finden, gib offen zu, dass dir die Antwort gerade nicht eingefallen ist.

ERKLÄRUNG AN DER TAFEL

Wenn du zur Lösung einer Aufgabe oder zur besseren Erklärung eines Sachverhaltes an die Tafel gehst, beachte folgende Punkte:

Dein Tafelbild muss lesbar sein!

Da die Tafel in diesem Moment das entscheidende Hilfsmittel ist, muss das, was du schreibst, für alle deutlich lesbar sein. Achte dabei darauf, dass

- Kreide und eventuell auch Tafel trocken sind;
- du ein ausreichend großes Schriftbild verwendest;
- du nach der ersten geschriebenen Zeile fragst, ob alle deine Schrift lesen können;
- du dich neben das Tafelbild stellst, wenn du fertig bist.

  Eine Sonntagsschrift ist an der Tafel nicht erforderlich und in der Regel auch nicht möglich. Es müssen nur alle deine Schrift entziffern können.

Deine schriftlichen Erklärungen müssen informativ und übersichtlich sein!

Chaotische Tafelbilder unterstützen einen mündlichen Beitrag nicht, sondern verwirren eher. Es gibt eine sehr effektive Visualisierungstechnik, die du sehr häufig an der Tafel anwenden kannst. Sie regt darüber hinaus auch die Merkfähigkeit deiner Mitschüler an und ist somit eine hervorragende Gedächtnisstütze. Diese Technik heißt MIND MAPPING.

Beim MIND MAPPING schreibst du ein bestimmtes Thema oder einen zu erläuternden Punkt in die Mitte der Tafel. Um diesen Punkt zeichnest du eine Wolke. Jede Erläuterung zu deinem Thema bzw. Punkt schreibst du an das Ende eines Astes, der von der Wolke ausgeht.

Hier siehst du ein Beispiel:

Deine mündlichen Erklärungen müssen verständlich sein!

Sprich deshalb nur dann, wenn du nicht schreibst. Wende dich dazu deiner Klasse zu. Somit bist du leicht hörbar, kannst dich ausschließlich auf deinen Redebeitrag konzentrieren und wirkst wesentlich professioneller.

VERHALTEN BEI DISKUSSIONEN

Diskussionen nehmen in vielen Fächern einen großen Stellenwert ein. Lehrer bewerten dabei nicht nur, ob der Diskussionsbeitrag richtig oder gut ist, sondern auch, wie sich der einzelne Schüler dabei verhält. Es ist auch meistens nicht möglich, die Richtigkeit eines Diskussionsbeitrages zu beurteilen, da es oftmals um das Abwägen unterschiedlicher Meinungen geht. Deshalb spielen andere Kriterien eine entscheidende Rolle:

Du musst dem Lehrer nicht nach dem Mund reden!

Ein guter Lehrer sollte in der Lage sein, andere Meinungen zuzulassen. Viele Lehrer finden es auch wichtig, dass sich Schüler schon sehr früh eine eigene Meinung bilden können. Dies ist ein wichtiger Punkt auf dem Weg zu einer Persönlichkeit. Deshalb ist es ohne weiteres möglich, konträr zur Meinung deines Lehrers zu diskutieren. Aber:

Du musst deine Meinung sachlich begründen!

Ohne eine sachliche Begründung deiner Meinung wirkst du unglaubwürdig. Ein unbegründetes, ausschließlich auf dein Gefühl basierendes Gerede wird schnell von deinem Lehrer und deinen Mitschülern aufgedeckt. Überlege dir also sachliche Argumente für deine Meinung, bevor du eine bestimmte Meinung vertrittst. Und:

Du musst andere Meinungen zulassen!

In einer Schulklasse kommt es selten vor, dass sich eine von allen Schülern getragene Gruppenmeinung bildet. Meinungsvielfalt ist auch eine wichtige Eigenschaft unserer modernen Gesellschaft. Akzeptiere deshalb andere Meinungen und versuche nicht, anderen deine Meinung mit aller Gewalt aufzuzwingen.

Wenn du kritisieren möchtest, dann konstruktiv!

Solltest du der Meinung sein, dass während der Diskussion Kritik angebracht ist, übe sie konstruktiv. Kritisiere dabei die **Sache**, also das, was gesagt wurde. Kritisiere auf keinen Fall die Person, die zur Kritik Anlass gegeben hat! Die meisten Menschen fassen eine persönliche Kritik als Beleidigung auf und ziehen sich dann zurück. Dies ist aber nicht der Sinn von Diskussionen. Bleibe bei der Wortwahl deiner Kritik sachlich und verwende keine „Fäkaliensprache".

Arbeiten in Gruppen

Wenn ein Lehrer seinem Unterricht durch Gruppenarbeit Abwechslung verleiht, möchte er das Engagement und die kooperativen Fähigkeiten seiner Schüler fördern. Dies sind Eigenschaften, die er bei der Gestaltung deiner mündlichen Note berücksichtigt. Gruppenarbeit kann sehr effektiv sein und eine Menge Spaß machen, wenn dabei bestimmte Spielregeln beachtet werden:

DIE ZUSAMMENSETZUNG DER GRUPPE

Sollte der Lehrer die Gruppen bestimmen, habt ihr auf die Zusammensetzung natürlich keinen Einfluss. Lässt er euch aber in diesem Punkt freie Hand, können euch folgende Tipps helfen:

- Die optimale und effektivste Gruppenstärke ist 4–6 Schüler.
- Aktivere und ruhigere Schüler können sich hervorragend ergänzen.
- Auch Mädchen und Jungen können sehr gut zusammenarbeiten.
- Zwei chronische Wortführer sind oftmals schon zu viel.
- Ein begabter Zeichner kann für eine Gruppe sehr wertvoll sein.

DIE ROLLENVERTEILUNG

Vor Beginn der Gruppendiskussion legt ihr die Regeln für die Gruppenarbeit fest und bestimmt dann einen Gruppenleiter und einen Protokollanten.

Der Gruppenleiter ist nicht alleiniger Wortführer. Alle Gruppenmitglieder beteiligen sich gleichermaßen an der Gruppenarbeit. Er ist lediglich dafür verantwortlich, dass die Arbeit in geregelten Bahnen verläuft und die Spielregeln der Gruppenarbeit eingehalten werden.

Der Protokollant notiert in Stichpunkten alles, was während der Diskussion erarbeitet wird.

Er sollte wenn möglich über zeichnerische Qualitäten verfügen.

Stellt am besten zwei Tische zu einem Quadrat zusammen und verteilt euch gleichmäßig. Papier und Stifte können zur Veranschaulichung helfen und gehören deshalb in eure Mitte.

DIE DISKUSSION IN DER GRUPPE

Für die Diskussion in der Arbeitsgruppe gelten auch die im letzten Abschnitt „Verhalten bei Diskussionen" erläuterten Regeln. In kleineren Arbeitsgruppen kann sich aber eher eine einheitliche Gruppenmeinung bilden. Dies ist aber nicht zwingend erforderlich. Selbst bei der Vorstellung des Gruppenergebnisses ist es möglich, auf unterschiedliche Meinungen zu bestimmten Punkten hinzuweisen. Es ist nur wichtig, dass ihr zu einem Gesamtergebnis kommt, das von allen Gruppenmitgliedern getragen wird.

Achtet während der Gruppendiskussion darauf, dass sich jedes Gruppenmitglied zu den diskutierten Punkten äußert. Sollte ein eher ruhiges Gruppenmitglied dies nicht selbstständig tun, aktiviert es durch Fragen. Stellt dazu **offene Fragen**. Bei offenen Fragen wird der Gefragte zu einer echten Meinungsäußerung aktiviert. Im Gegensatz dazu muss er bei einer geschlossenen Frage lediglich mit Ja oder Nein antworten.
„Wie stehst du zu unserer Meinung?“ wäre z.B. eine mögliche offene Frage, „Findest du unsere Meinung richtig?“ eine ungeschickte geschlossene Frage. Offene Fragesätze beginnen meist mit W-Fragewörtern, wie z.B. Wie?, Was?, Wer?, Weshalb? etc. Während der Diskussion hält der Protokollant jeden Punkt schriftlich fest. Bei Unklarheiten fragt er nach. Wenn ein Punkt ausdiskutiert wurde und ihr zum nächsten Punkt übergehen wollt, lasst ihr die Notizen vom Protokollanten noch einmal vorlesen. Alle Gruppenmitglieder müssen dann ihr O. K. geben.

VORSTELLUNG DES GRUPPENERGEBNISSES

Vorbereitung

Im Protokoll ist eure Gruppenarbeit festgehalten. Ein reines Vorlesen des Wortlautes wäre zwar möglich, ist aber ziemlich öde. Macht vor der Vorstellung des Gruppenergebnisses ein MIND MAP, auf dem für die ganze Klasse sichtbar die Struktur und eure Gedankengänge zu dem Thema deutlich werden. Dieses MIND MAP könnt ihr zusammen unter der Federführung eures besten Zeichners auf eine große bunte Pappe und – wenn nicht vorhanden – auf zusammengeklebte DIN-A4-Blätter oder eine Tafelseite malen. Auf den Seiten 49 und 58 seht ihr Beispiele für ein MIND MAP.

Durchführung

Die Vorstellung eures Ergebnisses kann ein Einzelner übernehmen. Schöner wäre es aber, wenn ihr die Arbeit auf die ganze Gruppe verteilt. Das zeigt dem Lehrer und der Klasse, dass es sich dabei um eine gemeinsame Arbeit handelt. Solltet ihr euch für die gemeinsame Variante entscheiden, müsst ihr darauf aufpassen, dass jeder einen klar abgegrenzten Punkt übernimmt und die Vorstellung somit strukturiert und nicht chaotisch verläuft. Wenn ihr mit einem MIND MAP arbeitet, könnte jeder von euch einen „Ast“ erläutern.

Kapitel 3: Ein Referat interessant vortragen

Mit dem erfolgreichen Halten von Referaten kannst du eine Menge Pluspunkte für deine mündliche Note sammeln. Im Folgenden erhältst du eine Menge Tipps, wie du ein Referat gut und strukturiert vorbereiten und dann interessant ausgestalten kannst.

Die Vorbereitung eines Referates

THEMENSUCHE

Am Anfang des Referates steht die Themenauswahl. Dabei ist es wichtig, dass das Thema klar und deutlich formuliert ist. Wenn der Lehrer dir ein Thema vorgibt, setze dich am Ende der Stunde kurz mit ihm zusammen. Er soll dir dann genau erklären, was er bei diesem Referat von dir erwartet. Vielleicht kann er dir dann auch ein paar Tipps geben, welches Material du verwenden kannst und wo du eventuell weiteres Material findest.

Solltest du dir das Thema selbst wählen können, frage dich bei deiner Auswahl, ob du davon schon eine gewisse Ahnung hast oder weißt, wie und wo du dir das fehlende Wissen aneignen kannst. Setze dich auch hier mit dem Lehrer zusammen, um das Thema kurz zu besprechen. Ist das Thema dann klar formuliert, kannst du loslegen.

STOFFSAMMLUNG

Bei der Stoffsammlung suchst du Materialien, die dir wichtige Informationen zu deinem Thema liefern. Solche Stoffquellen können z.B.

- Bücher,
- Zeitungen und Zeitschriften,
- Lexika,
- Filme und Videokassetten

sein.

Schul- und Stadtbüchereien sowie Universitätsbibliotheken bieten fast zu jedem Thema etwas. Die einen sind besser, die anderen schlechter sortiert. Frage dort sofort jemanden, wo du zu einem bestimmten Thema nachschlagen kannst, bevor du stundenlang selber suchst. Vielleicht hilft dir auch jemand bei deiner Stoffsammlung. Es kann auch spaßig sein, mit Freunden auf Materialsuche zu gehen. Dabei könnt ihr euch gegenseitig bei der Suche unterstützen. In Bibliotheken musst du berücksichtigen, dass entweder keine Bücher oder nur bestimmte ausgeliehen werden können. Nimm dir deshalb genügend Kleingeld mit, um die eine oder andere Buchseite kopieren zu können.

Schulen verfügen zum Teil über eine Auswahl von Videofilmen. Frage doch deinen Lehrer, ob zu deinem Thema ein Film im Schularchiv existiert. Er kann dir bestimmt auch sagen, ob es woanders noch Filmmaterial gibt, z.B. bei einer Stadtbildstelle oder einer Videothek.
Du kannst dir aber auch Informationen besorgen, indem du Fachleute befragst. Die findest du z.B. an Universitäten, an Schulen, in der Stadtverwaltung, in Parteien und politischen Initiativen oder auch in deinem persönlichen Umfeld. Zu manchen Themen kannst du auch eine Umfrage auf der Straße machen.

STOFFAUSWAHL

Wenn du glaubst, ausreichend Material gesammelt zu haben, beginnst du mit der Stoffauswahl. Dabei liest du dein Material und machst dir Anmerkungen, wenn dir etwas wichtig erscheint. Wenn es keine geliehenen Bücher sind, kannst du dir mit Leuchtmarker wichtige Punkte markieren oder Bemerkungen an den Rand schreiben. Es ist auch möglich, diese Punkte in ein Heft zu notieren. Du musst natürlich nicht alles lesen: Wenn du merkst, dass eine ausgewählte Quelle für dein Thema uninteressant ist, sortiere sie aus.

IDEENFINDUNG – BRAINSTORMING

Im nächsten Schritt nimmst du dir leere, linierte Blätter und einen Stift. Jetzt schreibst du mindestens 10 Minuten alles auf, was dir zu deinem Thema einfällt. Notiere dabei lediglich Stichwörter. Schreibe alles auf, was dir dazu in den Sinn kommt, auch wenn du in diesem Moment glaubst, dass es unsinnig ist. Halte die Zeit durch und brich nicht vorzeitig ab. Du kannst dir ja auch einen Wecker stellen. Solltest du nach Ablauf der Zeit noch nicht fertig sein, schreibe weiter, bis dir nichts mehr einfällt.
Wenn du alle Punkte notiert hast, lies sie von vorne durch und streiche alles, was nicht unmittelbar zu deinem Thema gehört.

Auf einem unserer Ferienkurse „Das Lernen lernen“ hatte sich eine Gruppe das Thema „Ferienkurs bei MIND UNLIMITED“ gewählt. Beim Brainstorming notierten sie folgende Punkte:

"DAS LERNEN LERNEN"	LIEBESKUMMER
FREIZEIT	AUSFLUG NACH MÜNCHEN
UNTERRICHT	GUTE-NACHT-GESCHICHTEN
LERNMETHODIK	LAGERFEUER
RHETORIK	SCHWIMMEN IM ALPAMARE,
SO SOLLTE SCHULE SEIN	TEGERNSEE, KIRCHSEE
OBERNETTE TRAINER	WANDERN
KURSORT	FOTO-LOVE-STORY
SCHLOSS	SHOWABEND
GUTES ESSEN	TANZEN
FRÜHES WECKEN	KISSENSCHLACHT
SPASS	SCHLOSSGESCHICHTE
KEIN ALKOHOL, KEINE DROGEN	SCHLOSSFÜHRUNG
AG's	SCHLOSSGEIST
SPORT	**REGELN**
BASTELN	SPIELE
DISCO	KLASSIKABEND
MUSIK	KUSCHELN
REITEN	SUPERSTIMMUNG
SURFEN	
FLIRTEN	

GLIEDERUNG – MIND MAP

Nach der Ideenfindung musst du die Ideen in eine Struktur bringen, d. h. gliedern. Du kannst dabei einfach in Form von Aufzählungen die Hauptgliederungspunkte und Unterpunkte darstellen. Zur übersichtlichen Gliederung eignet sich aber wieder hervorragend ein MIND MAP.
Untersuche zunächst das Ergebnis deiner Ideenfindung. Wenn du Hauptgliederungspunkte findest, markiere sie jeweils mit einer unterschiedlichen Farbe oder unterschiedlichen Symbolen. Achte darauf, dass alle Hauptgliederungspunkte

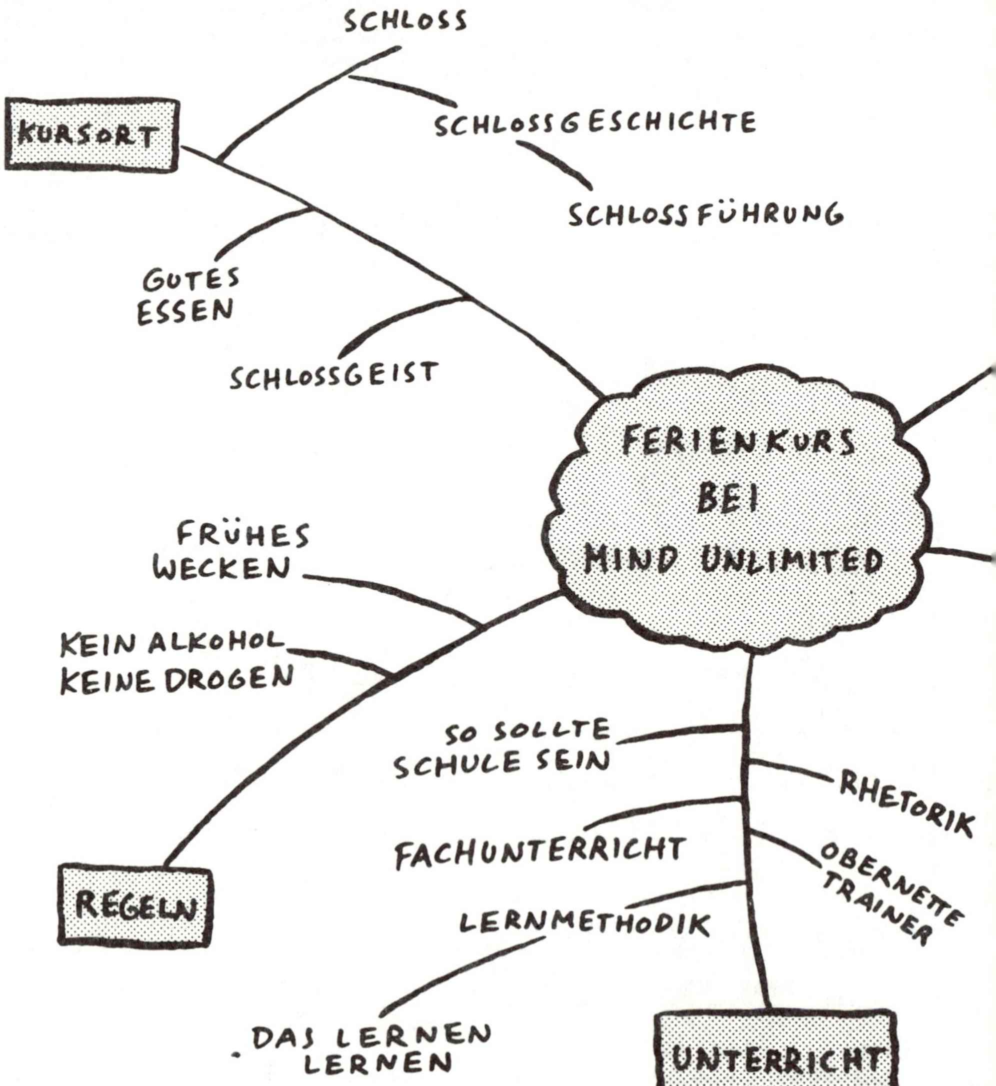

klar voneinander abgegrenzt sind und kein Hauptgliederungspunkt Bestandteil eines anderen Hauptgliederungspunktes ist. Ordne dann die übrigen Brainstorming-Punkte den Hauptgliederungspunkten zu. In unserem Beispiel hat die Gruppe des Ferienkurses Symbole verwendet und den Hauptgliederungspunkt zusätzlich umkreist.

Erstelle dann daraus ein MIND MAP. Das Thema wird in der Mitte eines Blattes in eine Wolke geschrieben und die Hauptgliederungspunkte jeweils an das Ende eines Astes. Die zugeordneten Punkte sind dann weitere Verzweigungen des zugehörigen Astes. Hier siehst du das Ergebnis unserer Lernmethodik-Gruppe auf dem Ferienkurs:

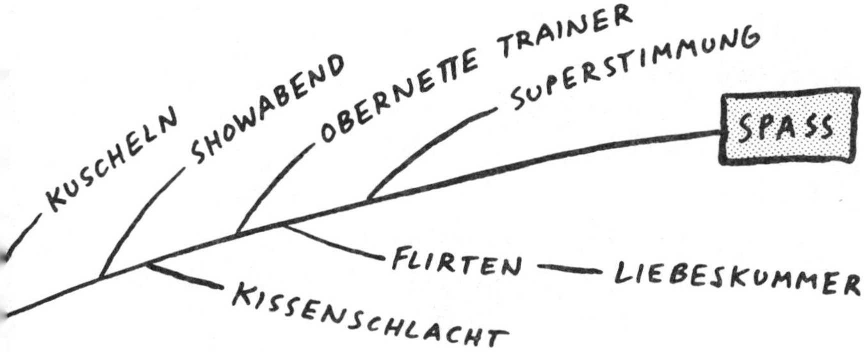

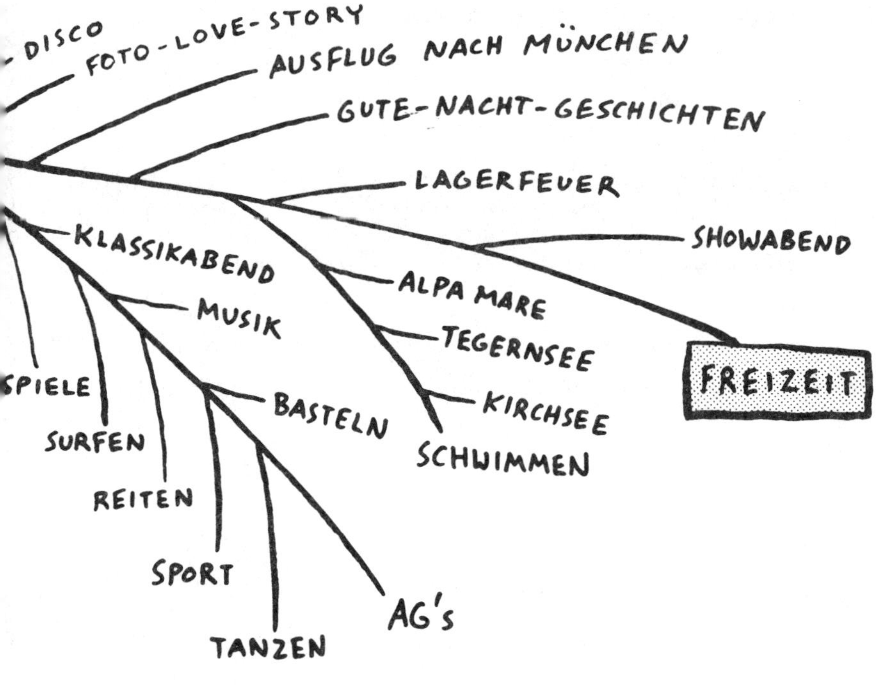

Der Aufbau eines Referates

Ein Referat hat einen klaren Aufbau. Es besteht aus Einleitung, Hauptteil und Schluss.

DIE EINLEITUNG

In einer Einleitung werden noch keine tragenden Informationen zum Thema gegeben. Sie dient lediglich zum Wecken von Interesse, zum Benennen des Themas und zur Schilderung deines persönlichen Hintergrundes.

Interesse wecken

Zu Beginn des Referates entscheidet sich, ob deine Mitschüler zuhören oder die Zeit mit anderen Dingen, wie z.B. Schiffe versenken, Schwätzen oder Träumen, verbringen wollen. Da du aber möchtest, dass die Klasse dir zuhört, musst du für dein Thema Interesse wecken. Gleich mit dem Thema anzufangen, ist ungeschickt, da sich der Großteil der Klasse erst einmal mit dir, deinem Aussehen und wie du vor der Klasse wirkst, beschäftigt.

Erst wenn dies abgeschlossen ist, sind sie für wichtige Informationen aufnahmefähig.

Interesse kannst du z.B. wecken mit

- einem Witz, der zu deinem Thema passt;
- einem entsprechenden Zitat;
- einer kurzen Begebenheit oder Geschichte, die in Zusammenhang mit deinem Thema steht;
- Fakten, die betroffen machen oder die Wichtigkeit deines Themas unterstreichen;
- einer interessanten Fragestellung zum Thema;
- einem Bild oder einem kurzen Filmausschnitt von maximal 30 Sekunden.

Danach machst du eine kurze Pause von mindestens 2–3 Sekunden.

Thema

Nach der kurzen Pause nennst du dein Thema. Dazu formulierst du lediglich einen Satz. Das Thema wird dabei nur genannt und nicht weiter erläutert. Ein Themensatz kann z.B. lauten:

- „Ich werde heute über ... sprechen."
- „Mein heutiges Thema ist ..."
- „Ich möchte euch heute über ... informieren."

Dann machst du wieder eine kurze Pause.

Persönliches

Hier kannst du kurz schildern, wie du zu diesem Thema gekommen bist und warum du dich für dieses Thema interessierst. Wenn du aus persönlicher Erfahrung sprichst, musst du dies hier unbedingt erwähnen.
Jetzt machst du eine etwas längere Pause, weil nun dein Hauptteil beginnt. Zu der Bedeutung von Pausen kannst du im nächsten Kapitel auf Seite 76 noch einiges erfahren.

DER HAUPTTEIL

Für den Hauptteil nimmst du dir dein MIND MAP oder ein anderes Gliederungsschema vor. Die Hauptgliederungspunkte sind die Hauptpunkte dieses Teils deines Referates. Achte darauf, dass du deinen Hauptteil von Punkt zu Punkt steigerst. Hebe dir den interessantesten Punkt bis zum Schluss auf. Mache nach jedem Hauptpunkt eine Pause, damit deinen Mitschülern deutlich wird, dass jetzt was Neues kommt. Der langweilige Satz „Ich komme jetzt zum nächsten Punkt" wird somit überflüssig.

DER SCHLUSS

Im Schluss werden keine neuen Informationen mehr geliefert. Hier fasst du lediglich deine Punkte des Hauptteils noch einmal kurz zusammen – für jeden Hauptgliederungspunkt maximal einen Satz. Beenden kannst du dein Referat mit einer Frage, die zur Diskussion in der Klasse anregt. Du kannst dich aber auch einfach bei deinem Publikum für das Interesse bedanken.

Spezialfall: Die Meinungsrede

Es gibt auch Referate, in denen du zu einem bestimmten Thema einen persönlichen Standpunkt vertrittst. Dabei möchtest du deine Klasse von deiner Meinung überzeugen. Dazu reicht es nicht aus, zum Ende des Referates die eigene Position kurz einfließen zu lassen. Vielmehr muss deine Meinung am Anfang klar und deutlich geäußert und im Laufe des Referates erläutert, bestätigt und bekräftigt werden.
Auch die Meinungsrede besteht aus Einleitung, Hauptteil und Schluss und enthält viele Gemeinsamkeiten mit dem oben beschriebenen Aufbau eines Referates. Die Besonderheiten der Meinungsrede lernst du jetzt kennen, bei Gemeinsamkeiten wird auf den vorherigen Punkt „Aufbau eines Referates“ verwiesen. Ein Beispiel soll dir den Aufbau einer Meinungsrede veranschaulichen.

DIE EINLEITUNG

1. Interesse wecken

(s. o. bei „Der Aufbau eines Referates“)
Deine Meinungsrede kannst du z.B. mit einen Witz, einem Zitat, einer kurzen Begebenheit oder Fakten zum Thema beginnen, um das Interesse deiner Zuhörer zu wecken.

Beispiel:
„Jedes Jahr werden allein in Deutschland 320 Millionen gelbe, 290 Millionen rote und 230 Millionen grüne Gummibärchen auf grausamste Weise getötet. 5,3 Millionen Menschen bekommen aufgrund des Verzehrs akute Magenschmerzen, 160 Millionen Kunststoffverpackungstüten landen auf den Müllhalden."

2. Thema

(s. o. bei „Der Aufbau eines Referates")
Nenne dein Thema in einem Satz. Du kannst z.B. beginnen mit:
„Ich möchte heute über ... sprechen."

Beispiel:
„Ich möchte heute über die Probleme sprechen, die durch den Verzehr von Gummibärchen entstehen."

3. Meinung

Formuliere jetzt deine Meinung in **einem Satz**. Beginne mit:
„**Ich** bin der Meinung, dass ...!" oder
„**Ich** behaupte, dass ...!" oder
„**Ich** bin der Überzeugung, dass ...!"
Begründe diese Meinung noch nicht. Mache nun eine kurze Pause, um deinen Zuhörern Gelegenheit zu geben, deine Meinung in ihrem Gedächtnis zu speichern.

Beispiel:
„Ich bin der Meinung, dass der Verzehr von Gummibärchen verboten werden muss."

4. Persönliches

(s. o. bei „Der Aufbau eines Referates“)
Hier erklärst du, warum du dich für dieses Thema interessierst. Wenn du bereits viele Erfahrungen mit dem Thema gemacht hast, musst du dies hier erwähnen. Du bist für deine Zuhörer dann ein Fachmann bzw. eine Fachfrau.
Deine Meinung begründest du hier aber noch nicht.

Beispiel:
„Ich selbst habe Gummibärchen jahrelang gequält und getötet. Erst jetzt ist mir bewusst geworden, was ich damit angerichtet habe. Ich habe mich mit dieser Problematik ein Jahr lang intensivst beschäftigt und bin durch meine genauen Untersuchungen zu einem strengen Verfechter der ‚Rechte aller Gummibärchen‘ geworden.“

Mache eine Pause, denn nun beginnt der Hauptteil.

DER HAUPTTEIL

Maximal 4 Argumente!

Der Hauptteil enthält deine Argumente, die deine in der Einleitung geäußerte Meinung begründen. Überlege dir 3–4 Argumente. Sollten dir mehr als 4 Argumente einfallen, überlege, welche 4 Argumente am wichtigsten bzw. schlagkräftigsten sind. Mehr als 4 Argumente kann dein Publikum während der Rede nicht verarbeiten. Solltest du mehr als 4 Argumente vorbringen, könnte es passieren, dass bei deinen Zuhörern wichtige Argumente unter den Tisch fallen. Wenn du einige Argumente zurückhältst, hast du noch nicht dein Pulver verschossen und kannst in der anschließenden Diskussion noch mit weiteren Argumenten überzeugen.

Beispiel:

Aussage von Argument 1: „Verzehr von Gummibärchen ist ungesund und führt zu akuten Magenproblemen."

Aussage von Argument 2: „Verzehr von Gummibärchen erhöht die Streitgefahr in den Familien (durch den Kampf um die roten Bärchen)."

Aussage von Argument 3: „Verzehr von Gummibärchen erhöht den Müllberg und versperrt somit die freie Sicht auf die Alpen."

Aussage von Argument 4: „Verzehr von Gummibärchen verletzt die Tierschutzverordnungen."

Bei der Argumentation die Meinung bekräftigen!

Argumente begründen deine Meinung. Damit deine Zuhörer diese Meinung nie aus den Augen verlieren, bekräftige sie bei jedem Argument. Da es sich hierbei um ein rhetorisches Hilfsmittel handelt, welches der Überzeugung deiner Zuhörer dient, darfst du dies nicht zu offensichtlich tun.

Beispiel:

Am Ende von Argument 1: „Deshalb dürfen keine weiteren Gummibärchen verzehrt werden."

Am Ende von Argument 2: „Nur durch ein sofortiges Verbot können wir dieses Problem in den Griff bekommen."

Am Ende von Argument 3: „Und deshalb muss der Verzehr von Gummibärchen verboten werden."

Am Ende von Argument 4: „Diese Tatsachen sprechen eindeutig dafür, dass Gummibärchen nicht länger getötet werden dürfen."

Der Höhepunkt zum Schluss!

Das schlagkräftigste Argument bringst du am Ende des Hauptteils. Du kannst diesen Höhepunkt zusätzlich mit Hilfe spannungsgeladener oder dramatischer Formulierungen hervorheben. Mit dem Höhepunkt der Rede sind sämtliche Argumentationen abgeschlossen, so dass im folgenden Schluss keine zusätzlichen, für die Meinungsbildung wichtigen Informationen mehr gegeben werden.

DER SCHLUSS

Zusammenfassung

Im Schlussteil wird die Rede noch einmal kurz zusammengefasst. Dazu wird zuerst jedes Argument in jeweils nur einem Satz wiederholt. Dann wird die Meinung endgültig bestätigt. Dies kannst du z.B. mit folgenden Worten tun:
„Meine Ausführungen haben gezeigt, dass ...!“ oder
„Durch meine Ausführungen ist deutlich geworden, dass ...!“ oder
„Diese Punkte haben eindeutig bestätigt, dass ...!“
Mit Hilfe der Zusammenfassung bekommt der Zuhörer noch einmal einen kurzen Überblick über das bereits Gesagte. Es ist sinnvoll, diese Zusammenfassung in schriftlicher Form nun an alle Zuhörer auszuteilen bzw. sie aufschreiben zu lassen. Sie dient dann auch als Hilfsmittel für die anschließende Diskussion.

Beispiel:

„Der Verzehr von Gummibärchen kann zu akuten Magenproblemen führen.
Durch den ständigen Kampf um die begehrten roten Bärchen erhöht sich die Streitgefahr in den Familien.
Die nicht recycelbaren Kunststoffverpackungen belasten unsere Umwelt.
Darüber hinaus werden durch den Verzehr von Gummibärchen sämtliche Tierschutzverordnungen außer Kraft gesetzt.“

„Meine Ausführungen haben gezeigt, dass der Verzehr von Gummibärchen verboten werden muss!“

Aufforderung zum Handeln

Nun forderst du deine Zuhörer auf, etwas zu tun. Dabei kannst du sie z.B. auffordern,

- sich deiner Meinung anzuschließen;
- dem Thema in Zukunft mehr Beachtung zu schenken;
- ein bisheriges Verhalten zu ändern;
- jemanden zu unterstützen;
- sich einer bestimmten Gruppe oder Organisation anzuschließen oder
- sich einfach mit deiner Meinung und Argumentation auseinander zu setzen.

Beispiel:

„Unterlasst in Zukunft den Verzehr von Gummibärchen. Schließt euch meiner Initiative ‚Rettet die Gummibärchen – esst Cola-Fläschchen‘ an.“

Die Ausgestaltung des Referates

Bei der Ausgestaltung kannst du dich entweder für das Schreiben des Referates oder die Karteikartentechnik entscheiden. Manche Lehrer nehmen dir die Entscheidung ab, indem sie ein geschriebenes Referat verlangen.

EIN REFERAT SCHREIBEN

Bei dieser Technik schreibst du dein Referat Wort für Wort auf. Der einzige Vorteil ist, dass du eine ausformulierte Version deines Referates hast, welche der Lehrer dann eventuell mit nach Hause nehmen kann. Diese Technik hat aber einen entscheidenden Nachteil:

Du wirst verleitet, das Referat der Klasse bloß vorzulesen. Das Vorlesen nimmt deinem Referat jede Würze und kann deine Zuhörer ermüden. Da du dann meistens auf dein Manuskript schaust, verlierst du den wichtigen Blickkontakt zu deiner Klasse.

Vorlesen ist die ungünstigste Variante. Lieber hin und wieder mal stocken, als ständig in einem Fluss runterlesen. Auch das Auswendiglernen des Textes nimmt deinem Referat sämtliche Spontanität. Solltest du dein Referat schreiben, verwende für das Vortragen zusätzlich die Karteikartentechnik. So wird dein Referat für dein Publikum spannender und interessanter.

STICHPUNKTE NOTIEREN: DIE KARTEIKARTENTECHNIK

Diese Technik hat sich in vielen Bereichen bewährt. Selbst Moderatoren und Showmaster verwenden Karteikarten bei ihren Sendungen.
Nimm dazu linierte DIN-A6-Karteikarten. Beschreibe sie nur einseitig. Schreibe auf jede Karteikarte in die oberste Zeile links den entsprechenden Teil (also Einleitung, Hauptteil oder Schluss) und rechts die aktuelle Seite. Beginne jeden neuen Punkt deines Hauptteils auf einem neuen Kärtchen. Schreibe auch den Titel des jeweiligen Hauptpunktes auf deine Karte zwischen Teil und Seitennummer.

Auf den Kärtchen stehen keine Texte, sondern Stichwörter oder Merksätze, die dir den Rahmen deines Referates liefern. Alle wichtigen Punkte sind darauf vermerkt, du musst sie lediglich sprachlich ausschmücken und in deinen Vortrag einbauen.
Während des Referates hältst du die Karteikarten in einer Hand, und zwar so, dass du die Stichwörter ohne Probleme lesen kannst. Welche Stichwörter du aufschreibst und wie du sie auf der Karte anordnest, ist dir frei überlassen. Die Karten müssen für dich persönlich übersichtlich und hilfreich sein. Nach dem Lesen eines Stichpunktes oder Merksatzes wendest du deinen Blick wieder Richtung Publikum und redest frei, bis du wieder ein neues Stichwort benötigst. Wo du eine kurze Pause machen möchtest, schreibe das Stichwort „PAUSE" auf die Karteikarte.

Je öfter du mit dieser Technik arbeiten wirst, desto weniger Stichwörter wirst du benötigen. Du lernst auf diese Weise, frei vorzutragen.

Die Karteikartentechnik hat folgende Vorteile:

- Sie liefert dir für deinen Vortrag hilfreiche Stichwörter oder Merksätze.

- Sie hilft dir, in der von dir gewünschten Reihenfolge deines Referates zu bleiben.

- Mit ihrer Hilfe lässt du keinen wichtigen Punkt aus.

- Sie verschafft dir ein Gefühl der Sicherheit, das beruhigt.

- Sie eröffnet dir die Möglichkeit, nicht nur vorzulesen, sondern übersichtlich und spannend vorzutragen.

GENERALPROBE ZU HAUSE

Es ist sinnvoll, den Vortrag deines Referates vorher zu Hause zu proben. Als Zuhörer kannst du deine Eltern, Geschwister oder Freunde gewinnen. Du kannst aber auch vor dem Spiegel, vor deinem Lieblingskuscheltier oder ohne Zuhörer vortragen. Eine weitere Möglichkeit ist es, das Referat mit einem Kassettenrekorder aufzunehmen und später abzuhören. So kannst du auch kontrollieren, ob du deutlich genug vorträgst.

Mache bei der Generalprobe alles so, wie du es beim Vortrag vor der Klasse auch machen willst. Stelle dich dazu mit deinem Konzept bzw. den Karteikarten in den Raum. Deine Klasse sitzt jetzt vor dir und hört dir gespannt zu. Sprich ruhig und deutlich. Mache nach jedem Gliederungspunkt eine Pause.
Solltest du vor Zuhörern sprechen, frage nach dem Vortrag, ob sie alles verstanden haben und wie es ihnen gefallen hat. Nimm konstruktive Kritik an und überlege, was du noch verbessern kannst.
Probe dann noch ein zweites Mal, aber diesmal ohne Publikum. Nun bist du optimal vorbereitet, um am nächsten Tag ein gutes Referat zu halten.
Wie du dabei deine Körpersprache wirkungsvoll einsetzen kannst, lernst du im nächsten Kapitel.

Kapitel 4: Körpersprache wirkungsvoll einsetzen

Körpersprache ist der wichtigste Bestandteil zwischenmenschlicher Kommunikation. Sie bringt die nötigen Gefühle und Emotionen ins Spiel, die den gesprochenen Worten Ausdruck verleihen. Es kommt also nicht nur darauf an, was du sagst, sondern in erster Linie, wie du es sagst. Du kannst einen Text völlig gelangweilt und ausdruckslos sprechen. Mit der entsprechenden Körpersprache wirkt er interessant und ausdrucksvoll. Dazu hast du eine Menge Gestaltungsmöglichkeiten, deine Stimme, Haltung, Mimik und Gestik wirkungsvoll einzusetzen.

Die Stimme

Deine Stimme ist ein Bereich deiner Körpersprache. Beim Ausatmen strömt deine Atemluft durch die Stimmbänder und bringt diese zum Schwingen. Diese Schwingungen erzeugen Töne, die du dann dazu benutzt, dich hörbar zu machen. Als Resonanzräume dienen dir deine Nasenhöhle, Mundhöhle und Rachenhöhle. Sie sorgen dafür, dass sich die gebildeten Töne laut und deutlich entfalten können. Die meisten Menschen nutzen beim Sprechen fast ausschließlich ihre Mundhöhle. Nur geschulte Sprecher, Schauspieler und Sänger nehmen Nasen und Rachenhöhle hinzu, um eine angenehmere und raumfüllendere Stimme zu erhalten. Wenn dich ein solches Training interessieren sollte, kannst du dich an einen Logopäden wenden. Aber auch ohne dieses Spezialtraining kannst du für alle deutlich hörbar sprechen. Die Hörbereitschaft deines Publikums oder deiner Gesprächspartner kann viel eher gestört werden durch

- einen unangenehmen Stimmklang,
- eine zu leise Stimme,
- undeutliches Sprechen,
- monotones Sprechen,
- Sprechen ohne Pausen oder
- durch Pausenfüller.

STIMMKLANG

Fast jeder Mensch glaubt, dass er einen unangenehmen Stimmklang besitzt, wenn er seine Stimme zum ersten Mal auf einer Kassette hört. Dabei besitzen fast alle Menschen einen „normalen“ Stimmklang. Teste dies doch einfach mal aus: Sprich einen kurzen Text auf eine Kassette und höre ihn ab. Wenn du deine Stimme als unangenehm empfindest, liegt das daran, dass du deine Stimme anders wahrnimmst als deine Zuhörer oder in diesem Fall dein Kassettenrekorder. Du wirst aber wahrscheinlich einen für andere völlig normalen Stimmklang besitzen. Erst wenn du auf deine Stimme öfters unangenehm angesprochen wirst, solltest du zu einem Logopäden gehen. Der macht mit dir dann hilfreiche Übungen, um deinen Stimmklang zu verbessern. Wenn du dich aber nur unsicher fühlst, frage deine Eltern oder Freunde deines Vertrauens, wie sie dies empfinden.

LAUTSTÄRKE UND DEUTLICHKEIT

Die Bedeutung der Lautstärke und der Deutlichkeit des Sprechens wird sehr häufig überschätzt.

Ständig laut zu sprechen kann auch sehr anstrengend sein, belastet die Stimmbänder und führt zu Heiserkeit. Übertrieben deutliches Sprechen wirkt affektiert und unnatürlich. Du musst nur so laut und so deutlich sprechen, dass dich alle deine Zuhörer klar und deutlich verstehen können.

Wenn du nicht so viel Übung im freien Sprechen hast und vor deiner Klasse in einem größeren Raum sprechen musst, fällt dir das vielleicht schwerer. Dabei ist ein klares und deutliches Reden recht einfach. Es liegt oft nur daran, dass Menschen beim Sprechen ihren Mund nicht auf- und ihre Zähne nicht auseinander bekommen. Sie fangen dann an, undeutlich zu nuscheln.

Es gibt zwei sehr gute Übungen, mit denen du deine Lautstärke und Deutlichkeit verbessern kannst: die Flüsterübung und die Korkenübung.

Flüsterübung

Suche dir einen Artikel aus einer Zeitung oder Zeitschrift aus. Stelle dann einen Kassettenrekorder aufnahmebereit in die eine Ecke eines Raumes. Stelle dich in die andere Ecke und flüstere den Artikel klar und deutlich mit übertriebenen Mundbewegungen. Wenn du fertig bist, höre den Text ab und achte darauf, ob alle Wörter zu verstehen sind.

Diese Übung kannst du über einen längeren Zeitraum täglich machen. Nach einer bestimmten Zeit wirst du den Erfolg merken.

Korkenübung

Wähle auch für diese Übung einen Artikel aus einer Zeitung oder Zeitschrift aus. Nimm einen Wein- oder Sektkorken (Frage bitte deine Eltern, bevor du selbstständig eine Flasche öffnest!) und stecke ihn dir zwischen die Zähne. Versuche den Text – soweit dies geht – klar und deutlich zu sprechen.

Auch hier wirst du bei regelmäßigem Üben den Erfolg verspüren. Deine Aussprache wird wesentlich deutlicher.

SPRECHGESCHWINDIGKEIT UND SPRECHRHYTHMUS

Ich sage in meinen Rhetorikkursen immer: „Lieber etwas schneller als einschläfernd langsam sprechen!“ Damit unterstütze ich natürlich nicht „das Sprechen wie aus der Maschinenpistole“. Ein zu schnelles Sprechen wird dann oft unverständlich und hektisch. Wenn du merkst, dass du manche Silben „verschluckst“, kann dies an zu schnellem Sprechen liegen. Du musst zeitlich in der Lage sein, jedes Wort, jede Silbe, jede Endung klar und deutlich auszusprechen. Dies kannst du auch wieder mit dem Kassettenrekorder trainieren bzw. überprüfen.

Mit deinem Sprechrhythmus nimmst du die Gleichförmigkeit aus deinen Worten. Wenn du immer im gleichen Rhythmus – ohne Betonung von Wörtern, Sätzen und Satzzeichen – redest, wirkt dies monoton und langweilig. Denke beim Reden immer darüber nach, was du besonders hervorheben und betonen kannst, um spannender und abwechslungsreicher zu sprechen. Du kannst z.B. einem Satz besonderen Ausdruck verleihen, indem du ihn langsamer sprichst oder nach bestimmten Wörtern kleinere Pausen machst. Wenn du einen Standpunkt in einem Satz unmissverständlich darlegen möchtest, kannst du aber auch die Wörter des Satzes laut und in einem gleichförmigen, staccatoartigen Rhythmus sprechen. Mit dem Sprechrhythmus hast du viele Möglichkeiten, um dein Sprechen abwechslungsreicher zu gestalten.

PAUSEN

Auch Pausen können dein Sprechen abwechslungsreicher gestalten. Es nimmt deinen Worten ebenfalls die Monotonie. Eine Pause kannst du aber noch aus vier weiteren Gründen machen:

1. Zum Atmen

Dein Gehirn benötigt Sauerstoff, um das Denkvermögen zu erhalten bzw. zu verbessern. Aus diesem Grund ist es erforderlich, dass du während des Sprechens regelmäßig tief durchatmest. Wenn du beim Sprechen keine Pausen machst, um einmal tief Luft zu holen, bevor du weitersprichst, atmest du automatisch beim Sprechen. Dies führt dazu, dass du schnell außer Atem gerätst, einen höheren Pulsschlag bekommst und nervös werden kannst. Du solltest prinzipiell nur nach Satzzeichen atmen. Wenn du dann richtig tief durchatmest, kann die Luft auch für mehrere Sätze ausreichen.

2. Damit du nachdenken kannst

Wenn du andauernd und ununterbrochen redest, hast du keine Zeit zum Nachdenken, was du im Folgenden sagen möchtest. Wenn du die Fähigkeit des Sprechdenkens – also des Denkens während des Sprechens – besonders beherrschst, hast du damit natürlich keine Probleme. Häufig ist es aber erforderlich, noch einmal über das bereits Gesagte nachzudenken. Und beides während des Sprechens zu tun, ist äußerst schwierig. Mach dazu lieber mal eine Pause.

3. Damit deine Zuhörer nachdenken können (Denkpause)

Du hast den Vorteil, den Gedankengang deiner Worte bereits zu kennen. Deine Zuhörer benötigen dazu eine gewisse Zeit. Und je komplizierter für sie der Gedankengang ist, desto größer ist dieser Zeitraum. Gib deinen Zuhörern immer wieder Zeit, über deine Worte nachzudenken, indem du regelmäßig Pausen machst. Diese Pausen werden dir persönlich vielleicht unangenehm vorkommen. Solltest du aber diese Pausen vergessen, könnte es passieren, dass deine Gedankengänge nicht nachvollzogen werden können. Während du dann redest, denken deine Zuhörer noch über deine letzten Sätze nach und verlieren den Faden.

4. Um deine Zuhörer in Spannung zu versetzen (Spannungspause)

Du kannst Pausen aber auch einsetzen, um Spannung zu erzeugen. Mache eine Pause, bevor du etwas Wichtiges sagst. Damit treibst du die Spannung förmlich auf den Höhepunkt. In diesem Fall könntest du sogar eine Pause in der Mitte eines Satzes machen.

FÜLLSILBEN

Füllsilben sind Wörter bzw. Urlaute, die nicht zum eigentlichen Text gehören und einfach so aus Verlegenheit benutzt werden. Die gebräuchlichsten Füllsilben sind „Äh“, „Ähm“, „Hmm“ und „Ja“.

Auch das Wort „und“ wird gerne als Füllsilbe verwendet. Dabei werden verschiedene Sätze einfach mit dem Wort „und“ verbunden. Der häufige Gebrauch von Füllsilben ist für den Zuhörer ziemlich störend. Im Extremfall achtet er nicht mehr auf den eigentlichen Text, sondern konzentriert sich ausschließlich auf das „Äh“ und zählt womöglich noch deren Häufigkeit.

Füllsilben werden nur aus Angst vor der Pause bzw. der Stille benutzt. Bevor gar nichts gesagt wird, soll wenigstens ein Urlaut zu hören sein. Da du aber mittlerweile weißt, dass Pausen sehr wichtig sind, bereiten sie dir keine Probleme mehr. Achte demnächst beim Sprechen bewusst darauf, ob und wann du Füllsilben gebrauchst. Dies ist das beste Training zum Abgewöhnen.

Die Haltung

Da du in der heutigen Zeit nicht mehr aufstehen musst, wenn du im Unterricht etwas sagen willst, beziehen sich die folgenden Tipps zur Haltung auf Schulsituationen an der Tafel oder beim Vortragen eines Referates. Aber auch beim Sitzen solltest du eine gerade, aufrechte Körperhaltung zeigen. Dies signalisiert deinem Lehrer Interesse, was sich auf die Notengebung positiver auswirkt.

GERADE STEHEN!

Stehe gerade, leicht gegrätscht mit paralleler Fußstellung und belaste die Füße gleichmäßig. Dein Körper ist weder nach vorne noch nach hinten gebeugt. Bringe dein Becken leicht nach vorne, indem du deine Beckenmuskulatur aktivierst. Dein Kopf ist geradeaus gerichtet, und deine Arme hängen seitlich am Körper schlaff nach unten.

SICHER UND LOCKER STEHEN!

Du spürst mit der gesamten Fläche deiner Fußsohlen den Boden unter deinen Füßen. Die Knie sind leicht gebeugt. Nun stehst du locker und gleichzeitig stabil. Da Geist und Körper unauflöslich miteinander verbunden sind, überträgt sich diese körperliche Stabilität auch auf deine geistige Haltung, und du fühlst dich sicherer beim Reden.

FREI STEHEN!

Lehne dich nicht an der Wand oder an einem Tisch an. Verstecke dich auch nicht hinter einem Pult. Mit dem freien Stehen im Raum behältst du deine gerade und sichere Körperhaltung und wirkst selbstbewusst.

RUHIG STEHEN!

Halte deinen Körper ruhig, wenn du sprichst. Bleibe ruhig stehen. Benutze deine Hände und deinen restlichen Körper nur dazu, um etwas damit auszudrücken. Also: kein unruhiges Hin- und Hertreten und kein Herumfummeln an der Kleidung oder den Haaren.

BLICK DEN ZUHÖRERN ZUWENDEN!

Wende deinen Blick während des Redens deinem Publikum zu. Fixiere nicht nur eine bestimmte Person, sondern lasse deinen Blick schweifen. Schaue nur dann auf dein Manuskript, wenn es unbedingt notwendig ist. Dadurch behältst du deine gerade und sichere Haltung und signalisierst deinen Zuhörern, dass du für sie sprichst.

Die Mimik

Schlägst du in einem Wörterbuch das Wort „Mimik“ nach, so findest du z.B.: „Mimik, das Mienenspiel als Ausdruck wirklicher oder vorgeblicher seelischer Regungen; hauptsächlich durch unwillkürliche oder willkürliche Betätigung der Gesichtsmuskeln.“ Mit Mimik drückst du durch Einsatz deiner Gesichtsmuskeln Gefühle aus. Du kannst durch deinen Gesichtsausdruck
negative Gefühle

oder positive Gefühle

signalisieren. Da – wie schon erwähnt – Körper und Geist unauflöslich miteinander verbunden sind, hat auch dein Gesichtsausdruck Einfluss auf deine Stimmung. Je freundlicher du schaust, desto besser fühlst du dich. Schon wenn du morgens früh in den Spiegel lachst, ist der Tag gerettet. Ein freundliches, entspanntes Gesicht überträgt sich auf dein Publikum. Deine Zuhörer fühlen sich gut und sind dir freundlich zugetan.
Während des Redens sollst du nicht grinsen, sondern nur mit einem freundlichen Gesicht sprechen.

Du hast auch eine Menge Möglichkeiten, mit Einsatz von Mimik zu spielen. Du kannst bestimmte Wörter oder Zusammenhänge mit Hilfe eines Mienenspiels gefühlsmäßig darstellen. Deine Worte werden dadurch wesentlich lebendiger. So wirst du bei ernsteren Sätzen ernster schauen, bei kritischen Sätzen kritisch und bei Sätzen der Begeisterung entsprechend fröhlich.
Um Mimik zu trainieren, gibt es zwei hervorragende Übungen: das Gesichtsmuskel-Training und die Lächel-Übung.

GESICHTSMUSKEL-TRAINING

Wie ein Sportler beim Kraft-Training bestimmte Muskelpartien stärkt, kannst du auch deine Gesichtsmuskulatur stärken. Mit einer trainierten Gesichtsmuskulatur hast du viel mehr Möglichkeiten, Mimik auszudrücken. Dein Mienenspiel wird dann auch deutlich sichtbarer. Zu diesem Training benötigst du einen Spiegel. Du kannst so dein Mienenspiel ständig kontrollieren.
Stelle dich vor den Spiegel und spiele mit den einzelnen Gesichtsmuskeln. Bewege nach der Reihe

- die Stirn;
- die Augenbrauen;
- die Augenhöhlen;
- die Augen;
- die Backen;
- die Ohren;
- die Nasenflügel;
- die Lippen;
- den Oberkiefer;
- den Unterkiefer.

Fange dann an, Grimassen in allen möglichen Varianten zu schneiden. Stelle dabei unterschiedliche Gefühlszustände dar. Schaue böse, falsch, kritisch, skeptisch, dumm, schlau, dick, abgemagert, lüstern, verliebt, treu, erfreut, fröhlich usw.
Du wirst dich wundern, wie viele Möglichkeiten es gibt, bestimmte Gefühlszustände mit Mimik auszudrücken.

LÄCHEL-ÜBUNG

Wie du soeben erfahren hast, überträgt sich ein Lächeln auf deine Stimmung. Dieses Lächeln kannst du auch trainieren. Menschen, die ständig ihre Mundwinkel nach unten hängen lassen, haben es ziemlich schwer, ein freundliches Gesicht zu machen. Die Muskulatur hat sich schon auf die herunterhängende Position eingespielt. Mit der Lächel-Übung kannst du die Muskulatur nach oben ausrichten, und es fällt dir automatisch leichter, freundlich zu schauen.

Stelle dich dazu vor den Spiegel und lächle dich an. Je extremer und verkrampfter du lächelst, desto stärker ist der Trainingseffekt. Es wird dir vielleicht lächerlich vorkommen, doch der Effekt ist verblüffend. Du bekommst eine wesentlich freundlichere Ausstrahlung. Die Lächel-Übung kannst du regelmäßig und besonders vor einem Vortrag machen. Sie eignet sich sogar für Augenblicke, in denen du dich nicht besonders gut fühlst. Wenn du dich dann vor den Spiegel stellst und eine Lächel-Übung machst, kommt dir das so bescheuert vor, dass du lachen musst. Ich spreche dabei aus eigener Erfahrung.

Die Gestik

Wer Gestik einsetzt, möchte das, was er sagt, mit Körperbewegungen ausdrücken. In erster Linie geschieht dies durch Bewegung der Hände. Die Bewegungen deiner Arme und Hände gehören also auch zu deiner Körpersprache. Mit ihnen kannst du beim Sprechen viele nützliche und unterstützende Bewegungen machen. Viele dieser Bewegungen laufen dabei unbewusst ab. Sie ergeben sich selbstständig durch ein Zusammenspiel deiner gesprochenen Worte und deiner Gefühle.

So soll es auch sein. Denn aufgesetzte und antrainierte Gesten wirken affektiert und unnatürlich. Dass viele Menschen beim Reden keine Gestik einsetzen, liegt einfach daran, dass sie es sich nicht zutrauen. Sie haben nicht den Mut, beim Reden ihre Hände sinnvoll zu benutzen. Anstatt mit den Händen etwas auszudrücken, fuchteln sie an ihrer Kleidung oder in ihren Haaren herum, verschränken die Arme oder verstecken ihre Hände hinter dem Körper oder in den Hosentaschen.

Für Gestik gibt es kein gezieltes Trainingsprogramm. Du kannst sie nur trainieren, indem du dir zutraust, beim Reden deinen Zuhörern oder Gesprächspartnern die Hände zu zeigen. Achte demnächst darauf, dass du sie nicht versteckst. Lasse zu, dass sie durch Bewegung deine gesprochenen Worte zusätzlich ausdrücken. Du sollst keine übertriebenen Gesten machen, denn Gestik läuft selbstständig und natürlich ab.

Wenn du vor der Klasse ein Referat vorträgst, nimm in eine Hand dein Manuskript bzw. deine Karteikarten. Die andere Hand hängt locker am Körper herunter. Solltest du dann die Tipps zur Haltung beherzigen, wird die freie Hand selbstständig hin und wieder mal gestikulieren. Je öfter du vor der Klasse sprichst und somit beim freien Reden lockerer wirst, desto häufiger wirst du völlig natürlich deine Gestik einsetzen.

TIPP

Du hast viele Möglichkeiten, Körpersprache im täglichen Leben zu trainieren, um somit dein körpersprachliches Ausdrucksvermögen zu verbessern.
Als Schauspieler in einer Theatergruppe, Sänger in einer Musikgruppe oder im Chor und auch durch Vorlesen arbeitest du an deinen stimmlichen Fähigkeiten. Deine Haltung kannst du z.B. in einem Tanzclub, beim Turn- oder Ballettunterricht oder im Reit- oder Fechtverein verbessern, und beim pantomimischen Darstellen, Theaterspielen, Tanzen und auch bei einigen asiatischen Kampfsportarten trainierst du Mimik und Gestik.
Selbst Unterhaltungen mit Freunden, Reden in einem größeren Kreis oder vor einer Gruppe, das Zugehen auf andere Menschen helfen dir, dein Ausdrucksvermögen zu verbessern und darüber hinaus selbstsicherer zu werden.

Körpersprache spielerisch üben

Wie du in diesem Kapitel erfahren hast, entsteht Körpersprache aus deinen persönlichen Gefühlen heraus. Sie darf nicht aufgesetzt und affektiert sein, sonst wirkst du unnatürlich und unglaubwürdig. Dass viele Menschen ihre Körpersprache nur sparsam oder überhaupt nicht einsetzen, liegt daran, dass sie es sich nicht zutrauen, Gefühle nach außen zu zeigen. Körpersprache ohne Angst und Hemmungen einzusetzen, kannst du am besten im Spiel lernen. Hier findest du aus der Menge vieler Spielmöglichkeiten fünf Spiele, die du in deiner Familie und mit Freunden mit viel Spaß spielen kannst.

SCHARADE

Scharade ist ein Rätsel, bei dem zusammengesetzte Wörter lautlos dargestellt werden. Es ist möglich, entweder das zusammengesetzte Wort oder aber seine einzelnen Bestandteile körpersprachlich zu beschreiben. Beispielwörter sind:

- Lampen-fieber
- Katzen-klo
- Wetter-frosch
- Hand-tuch usw.

Ihr könnt aber auch andere Begriffe, Filmtitel, Buchtitel, Sprichwörter zulassen. Einigt euch vor Spielbeginn darauf und bildet zwei Mannschaften. Jede Mannschaft überlegt sich für die andere Mannschaft jeweils so viele Begriffe, wie Spieler in dieser Mannschaft vorhanden sind. Dann umschreibt immer ein

Spieler einer Mannschaft körpersprachlich einen Begriff. Die restlichen Spieler der Mannschaft müssen raten. Löst die Mannschaft innerhalb einer Minute das Rätsel, bekommt sie einen Punkt. Nun ist die andere Mannschaft an der Reihe. Gewonnen hat am Ende die Mannschaft mit der höchsten Punktzahl. Ihr könnt natürlich auch mehrere Runden spielen.

BARON MÜNCHHAUSEN

Der Baron Münchhausen erzählte Lügengeschichten mit einer derartigen Überzeugung und Begeisterung, dass man ihm glauben musste. Bei diesem Spiel geht es auch darum, glaubhafte, überzeugende Lügenmärchen zu erzählen. Jeder Spieler überlegt sich drei völlig zusammenhanglose Begriffe und schreibt sie auf eine Karteikarte. Beispiele sind:

- Dinosaurier – Lehrer – Unterhose
- Elefant – Autobahn – Colaflasche
- Schneemann – Latzhose – Papierflugzeug

Jeder Spieler knickt dann seine Karte, so dass die Begriffe versteckt sind, und tauscht mit einem anderen Spieler. Nun kann das Spiel beginnen. Der Spieler,

der dran ist, stellt sich vor die Gruppe, schaut sich die Begriffe dreißig Sekunden an und erzählt dann eine solche Lügengeschichte, dass sich die Balken biegen. Vom Lehrer, der im Biologiesaal einem Dinosaurier begegnet ist und sich vor Angst die Unterhose voll ..., vom Elefanten, der aus dem Zoo ausgebrochen ist, um an einer Autobahnraststätte eine Cola zu trinken, oder vom Schneemann in der Latzhose, der mit einem Papierflugzeug zum Mond geflogen ist. Setzt dabei alle körpersprachlichen Ausdrucksmittel ein. Einzige Bedingung ist, dass die drei Begriffe in der Geschichte vorkommen.
Am Ende vergeben die Zuhörer Punkte von eins bis sechs. Eine toll vorgetragene und sehr glaubwürdige Geschichte bekommt die Höchstpunktzahl 6.
Wenn viele Spieler mitspielen, könnt ihr mehrere Runden spielen und immer eine neue Jury aus 2–4 Mitgliedern bestimmen, die dann die Wertung abgeben. Jedes Jurymitglied muss dann auch die Punktzahl in ein paar Sätzen begründen.

VERSTECKTES THEATER

Ziel des versteckten Theaters ist es, dass die Zuschauer und fremden Mitspieler gar nicht merken, dass es sich hierbei um Theater handelt. Überlegt euch zuerst Situationen, die ihr spielen wollt. Geht dann an einen Ort, wo sich viele Menschen aufhalten oder an dem viele Menschen vorbeigehen. Spielt die zuvor abgesprochenen Situationen so echt wie nur möglich. Solltet ihr Passanten einbeziehen, achtet darauf, dass diese so aussehen, als könnten sie Spaß verstehen. Beobachtet genau die Reaktionen der fremden Mitspieler bzw. der Passanten. Erkennen sie die Absicht oder wirkt ihr auf sie glaubhaft?

Achtung:

Bei diesem Spiel ist äußerste Vorsicht und Aufmerksamkeit geboten. Wenn ihr merkt, dass die ausgewählten Mitspieler zu emotional reagieren bzw. keinen Spaß verstehen, brecht das Spiel unbedingt ab! Damit vermeidet ihr unnötigen Ärger.

PLAYBACK

Ein Playback könnt ihr zu Musikstücken, aber auch zu Filmausschnitten machen. Wichtig ist, dass ihr die Texte kennt und euch das jeweilige Original auf Video betrachten könnt. Studiert das Musik- oder Filmstück vor dem Fernseher und legt dann die Rollen fest. Sucht euch Requisiten, die zu eurem Playback

passen. Probt die ersten Male vor dem Fernseher und versucht dabei, die Körpersprache der Musiker oder Schauspieler zu spiegeln. Nach einigen Proben könnt ihr den Fernseher wegdrehen oder das Bild verdunkeln. Bei Filmausschnitten ist es schwierig, die Lippenbewegungen synchron hinzubekommen, da kein Rhythmus vorhanden ist. Es macht aber gar nichts aus, wenn ihr mal danebenliegt. Wichtig ist, dass es euch Spaß macht und ihr euch zutraut, eure Körpersprache einzusetzen.

SKETCHE UND GESPIELTE WITZE

Sketche und gespielte Witze eignen sich hervorragend, um Körpersprache spielerisch zu trainieren. Ihr könnt eigene Sketche oder Witze schreiben oder auf bereits geschriebene zurückgreifen. Es gibt mittlerweile unzählige Bücher mit Sketchen und gespielten Witzen, z.B. von Loriot, Dieter Hallervorden, Dieter Krebs, Otto, Emil Steinberger u. v. m. Wählt aus, was euch gefällt. Verteilt die Rollen und übt die Stücke schrittweise ein. Erst mit Text und dann auswendig. Wenn euch das Spielen Spaß macht und ihr euch regelmäßig zum Üben verabredet, können eure Sketche und gespielten Witze auftrittsreif werden. Zum Vorspielen eignen sich sehr gut Geburtstage, Feten, Schul- und Klassenfeiern, Straßenfeste usw.

Zusammenfassung

Nun bist du beim Lesen dieses Buches fast am Ende angelangt. Hoffentlich hat es dir viel Spaß bereitet. Es wäre schön, wenn es dir Erfolg bringt und helfen kann, selbstsicherer zu werden. Sollte dir Lob oder Kritik zu diesem Buch in den Sinn kommen, würde ich mich über einen kleinen Brief oder eine Karte sehr freuen. Schreibe bitte an: Dirk Konnertz, Frankfurter Straße 42, D-35037 Marburg.

Vor den abschließenden Flirt-Tipps folgt jetzt eine kurze Zusammenfassung des Inhalts dieses Buches. Das geschieht in Form von Merksätzen zu den wichtigsten Punkten der einzelnen Kapitel. Umkreise mit einem Bleistift das Symbol mit dem Daumen, wenn dir die Aussage klar erscheint. Sollten zu einem Merksatz noch Fragen bestehen, umkreise das Fragezeichen. Dann kannst du die entsprechenden Seiten noch einmal nachlesen. Die Seitenangaben findest du jeweils neben dem Merksatz. Aussagen, die dir besonders gut gefallen oder dir wichtig erscheinen, kannst du auch in dein Heft notieren.

Wenn du das nächste Mal zu diesem Buch greifst, um noch einmal etwas nachzulesen, lies zuerst die Zusammenfassung. Dann findest du die entsprechende Stelle im Buch leichter und du verschaffst dir schnell einen Überblick über den gesamten Stoff.

Als starke Persönlichkeit mit einem starken Selbstbewusstsein musst du deine eigenen Stärken und Schwächen kennen und zu ihnen stehen. Du musst dir darüber im Klaren sein, was du wert bist.

Seite 5-13

Die Vorstellung, beim Reden vor der Klasse versagen zu können, führt zu Angstreaktionen. Dein Gehirn interpretiert die Angst als Gefahr und blockiert sämtliche Denkprozesse.

Seite 14-17

Du kannst dein Unterbewusstsein positiv beeinflussen und somit die Angst vor dem freien Reden abbauen.

Seite 18-21

Ein Körpercheck vor Beginn des freien Sprechens verhindert eine Denkblockade.

Seite 21-23

Gefühle der Angst und Nervosität kannst du mit Hilfe von Atem- und Konzentrationsübungen überwinden. Negative Körperreaktionen verschwinden, und dein Körper wird wieder ruhiger.

Seite 23-24

In unserer hektischen Zeit ist es sehr wichtig, sich entspannen zu können.

Seite 24

Entspannungsübungen können dir helfen, deinem Körper eine wohltuende Ruhe zu gönnen und ihm somit neue Energien zu verleihen.

Seite 24-26

Die ständige Selbstkontrolle deiner mündlichen Leistungen verschafft dir einen wichtigen Überblick über deine mündliche Beteiligung und schützt dich vor unerwarteten Enttäuschungen.	Seite 28-35
Um konzentriert dem Unterricht folgen zu können, musst du innere und äußere Störungen vermeiden.	Seite 36-37
Beim aktiven Zuhören im Unterricht stellst du immer Fragen, wenn dir etwas unklar erscheint.	Seite 39
Die mündliche Mitarbeit im Unterricht beginnt mit der richtigen Vorbereitung zu Hause.	Seite 40-42
Setze dich nicht irgendwo ins Klassenzimmer, sondern überlege genau, wo du dich wohl fühlst, wo du nicht abgelenkt wirst und wo du im Blickwinkel des Lehrers sitzt.	Seite 42-43
Mache dir Gedanken über den Inhalt und die ersten Worte bzw. den ersten Satz deines mündlichen Beitrags, bevor du dich meldest.	Seite 44-45
Trainiere die Fähigkeit des Sprechdenkens. Das verbessert deine Redegewandtheit.	Seite 44

Habe Geduld mit dir, wenn dir eine Antwort mal nicht sofort einfällt. Gelerntes Wissen ist im Gedächtnis gespeichert. Manche Informationen müssen im Langzeitspeicher gesucht werden, das kann länger dauern.

Seite 46-48

Gib sofort offen zu, wenn du die Antwort wirklich nicht weißt.

Seite 46

Wenn du etwas an der Tafel erklärst, musst du bestimmte Regeln der Präsentation beachten. Dein Tafelbild muss für alle lesbar sein, deine schriftlichen Erläuterungen müssen informativ und übersichtlich und deine mündlichen Erklärungen müssen verständlich sein.

Seite 48-49

Diskussionen nehmen in vielen Fächern einen großen Stellenwert ein. Du kannst eigene Meinungen selbstbewusst vertreten, wenn du sie sachlich begründest. Verhalte dich bei Diskussionen fair und kritisiere konstruktiv.

Seite 50

Gruppenarbeit kann sehr effektiv und erfolgreich verlaufen, wenn bestimmte Spielregeln eingehalten werden. Dabei spielen die Zusammensetzung der Gruppe, die Rollenverteilung, die Gruppendiskussion und die Vorstellung des Gruppenergebnisses eine Rolle.

Seite 51-53

Zum interessanten Vortrag eines Referates gehört eine entsprechende Vorbereitung. Bestandteile einer strukturierten Vorbereitung sind Themensuche, Stoffsammlung und -auswahl, Ideenfindung und Gliederung.

Seite 55-59

Ein gutes Referat hat einen klaren Aufbau mit Einleitung, Hauptteil und Schluss. In der Einleitung weckst du Interesse für dein Thema, stellst das Thema in einem Satz vor und erklärst, warum du dich für das Thema entschieden und welche Erfahrungen du mit dem Thema bereits gemacht hast. Der Hauptteil liefert in vorher klar abgegrenzten Hauptpunkten die nötigen Informationen zu dem Thema. Im Schluss wird der Hauptteil kurz zusammengefasst und eventuell eine Diskussion angeregt.

Seite 60-61

In einer Meinungsrede vertrittst du klar und deutlich eine bestimmte Meinung. Diese Meinung formulierst du in Form eines Thesensatzes in der Einleitung. Im Hauptteil argumentierst du für diese Meinung und bekräftigst sie. Achte darauf, dass du nicht zu viele Argumente vorbringst, sonst überforderst du deine Zuhörer.

Seite 62-67

Das wichtigste Argument lieferst du am Ende deines Hauptteils. Im Schluss fasst du deine Argumente kurz zusammen, bestätigst deine Meinung und forderst deine Zuhörer zum Handeln auf.

Seite 66

Die optimale Ausgestaltung eines Referates ist das Aufschreiben wichtiger Stichpunkte und Merksätze auf Karteikarten mit Hilfe der Karteikarten-Technik.

Seite 68-70

Eine Generalprobe des Referates zu Hause gibt dir ein Gefühl der Sicherheit. Dir geht es dann wie dem Skirennfahrer, der vor Beginn des Rennens den Hang mental im Kopf hinunterfährt und somit gefühlsmäßig schon im Ziel ist.

Seite 71

Mit dem Einsatz deiner Körpersprache drückst du deine Gefühle aus und verleihst deinen gesprochenen Worten Ausdruck. Körpersprache ist etwas Persönliches und Natürliches und darf niemals aufgesetzt und affektiert wirken. Bereiche der Körpersprache sind Stimme, Haltung, Mimik und Gestik.

Seite 72-84

Mit Hilfe der in diesem Buch enthaltenen Trainingsvorschläge, Übungen und Spiele zur Körpersprache lernst du deine körpersprachlichen Ausdrucksmöglichkeiten kennen. Du traust dir schließlich zu, Gefühle zu zeigen und Körpersprache bei zwischenmenschlicher Kommunikation und beim Reden einzusetzen.

Seite 72-88

Exkurs: Die zehn Flirt-Tipps

Tief in dir drin ist die Sympathie für einen bestimmten Menschen erwacht, und du möchtest ihn näher kennen lernen. Du überlegst, wie du dies am besten anstellen kannst. Vielleicht kommst du über diese Überlegungen nicht hinaus, weil du findest, dass das alles viel zu kompliziert ist, und glaubst, dich sowieso nur zu blamieren.

Nach dem Lesen dieses Buches nimmst du dir vor, solche negativen Gedanken aus deinem Leben zu streichen. Wenn du jemanden kennen lernen möchtest, weil du den Menschen interessant findest, gehst du auf ihn zu und versuchst, das Beste daraus zu machen. Dabei können dir die folgenden zehn Tipps helfen:

WARTE DEN RICHTIGEN AUGENBLICK AB!

Achte bei der ersten Kontaktaufnahme darauf, dass dein Flirtpartner/deine Flirtpartnerin alleine ist. Auch du solltest ohne Begleitung von Freunden sein. Zuschauer können die erste Kontaktaufnahme zerstören.

STELLE DEN BLICKKONTAKT HER!

Gehe nicht gleich auf deinen Flirtpartner/deine Flirtpartnerin zu, sondern stelle einen Blickkontakt aus näherer Entfernung (5–10 Meter) her. Schaue ihm/ihr dabei nett lächelnd in die Augen. Wenn deine Blicke zwei- bis dreimal freundlich oder verlegen erwidert werden, kannst du davon ausgehen, dass dein Interesse verstanden wurde.

SUCHE DEN NÄHEREN KONTAKT!

Nähere dich jetzt deinem Flirtpartner/deiner Flirtpartnerin. Lasse aber immer noch eine Entfernung von etwa 50 Zentimetern. Das gibt ihm/ihr noch die nötige Sicherheit, vor dir fliehen zu können. Sei nicht hartnäckig, wenn du gebeten wirst, wieder wegzugehen. Dann ist dies entweder nicht der richtige Augenblick gewesen, oder es besteht kein Interesse an einem Gespräch mit dir.

FANGE EIN GESPRÄCH AN!

Nun ist es wichtig, dass du das Gespräch anfängst. Wenn du nur wortlos dastehst, kann dies der Situation die aufgebaute Spannung wieder nehmen. Ein Erfolgsrezept für die ersten Worte gibt es dabei nicht. Eine offene Frage, d. h. eine Frage, die er/sie mit mindestens einem Satz beantworten muss, ist meist am besten. Es ist nicht wichtig, möglichst cool zu wirken. Eine gewisse Schüchternheit kommt in der Regel besser an.

VERABREDE DICH!

Nun ist dein Fingerspitzengefühl gefragt: Wenn im Verlaufe eures Gesprächs eine gegenseitige Sympathie noch nicht so richtig aufgekommen ist und das Gespräch recht schleppend verläuft, ist der Zeitpunkt einer Verabredung auf keinen Fall gegeben. Du würdest nur eine Absage erhalten. Suche lieber noch einmal an anderen Tagen den Kontakt und warte den richtigen Zeitpunkt ab. Sei aber nicht aufdringlich, indem du dich ständig näherst. Solltet ihr euch aber recht angeregt unterhalten, suche die Verabredung. Lade ihn/sie doch z.B. zum Eisessen ein. Verabredet euch an einem bestimmten Ort zu einer bestimmten Zeit.

ACHTE AUF DEIN ÄUSSERES!

Du musst dich für eine Verabredung nicht besonders herausputzen. Ziehe Klamotten an, in denen du dich wohl fühlst und die auch sonst deinem Typ entsprechen. Nimm vorher eine Dusche, putze deine Zähne und achte darauf, dass deine Klamotten sauber sind.
Ein Tipp für Jungen: Die meisten Mädchen mögen Blumen! Ein Junge kann schon am Treffpunkt Pluspunkte sammeln, wenn er mit einer Blume (kein ganzer Strauß!) seine Flirtpartnerin begrüßt. Vielen Mädchen gefällt eine solche Aufmerksamkeit, sie sind in dieser Beziehung wesentlich feinfühliger als Jungen.

ERÖFFNE DAS GESPRÄCH!

In einer netten, zweisamen Umgebung ist nun die Zeit, sich näher kennen zu lernen. Jetzt kannst du über deinen Flirtpartner/deine Flirtpartnerin eine Menge erfahren. Stelle wieder offene Fragen. Versuche zu erfahren, über welches

Thema er/sie sich besonders gerne unterhält. Darüber könnt ihr länger quatschen. Warte darauf, dass er/sie ebenfalls fragt. Das signalisiert Interesse auch von seiner/ihrer Seite.

BLEIBE AUTHENTISCH!

Spiele deinem Flirtpartner/deiner Flirtpartnerin nichts vor, was du nicht bist. Bleibe ehrlich und glaubwürdig. Erwähne nicht nur deine Stärken, sondern auch deine Schwächen. Sprich nicht über teure Hobbys oder das Geld deiner Eltern. Das wirkt angeberisch und macht in den meisten Fällen keinen besonderen Eindruck.

ACHTE AUF KÖRPERSPRACHE!

Die Körpersprache spiegelt die Gefühle wider. Wenn du auf körpersprachliche Signale achtest, kannst du eine Menge über die Gefühlssituation deines Flirtpartners/deiner Flirtpartnerin erfahren. Beobachte, ob

- ihr ständig Blickkontakt habt;
- der Blick freundlich und gelöst ist;
- die Stimme fröhlich oder eher gelangweilt klingt;
- der Körper dir zugeneigt oder weggedreht ist;
- die Körperhaltung locker oder verkrampft ist;
- die Arme und Hände Offenheit oder Distanz signalisieren.

Erst wenn die Körpersprache deines Flirtpartners/deiner Flirtpartnerin eine positive Gefühlssituation anzeigt, kannst du einen Schritt weitergehen. Solltest du körpersprachliche Signale einfach ignorieren, kannst du unter Umständen ins offene Messer rennen.

LERNE AUS RÜCKSCHLÄGEN!

Nun kann es passieren, dass deine Flirtbemühungen irgendwann einmal auf Ablehnung stoßen.

Denke sowohl beim Flirten als auch beim freien Sprechen immer daran:

Wenn mal etwas schief geht, macht das gar nichts. Sieh es positiv: Du bist um eine Erfahrung reicher und weißt vielleicht, was du beim nächsten Mal besser machen kannst.

Beherzige das Motto: *„Aus Rückschlägen kann ich lernen, und sie machen mich zusätzlich noch stärker!“*

DER AUTOR

Dirk Konnertz, Jahrgang 1966, ist Diplom-Kaufmann und leitet seit 1994 Ferienkurse zum Thema „Das Lernen lernen". Über tausend Schüler haben an diesen Kursen bereits erfolgreich teilgenommen. Der Autor ist Rhetoriktrainer und führt regelmäßig Lernmethodikkurse durch.

Geradewegs zum Erfolg

MIND unlimited LERNHILFE

VERITAS

Los geht's!
Alles Gute zum Schulstart
5 bis 7 Jahre
ISBN 3-7058-5175-6

Tschüs dann!
Die erfolgreichen Arbeitstechniken fürs Abitur
10. bis 13. Klasse
ISBN 3-7058-5176-4

Hausaufgaben erledigen
konzentriert – motiviert – engagiert
5. bis 10. Klasse
ISBN 3-7058-5177-2

Vokabeln lernen – 100% behalten
Die erfolgreichen Tipps zum Fremdsprachenlernen
5. bis 10. Klasse
ISBN 3-7058-5178-0

je
ca. 120 Seiten
durchgehend farbig illustriert
Paperback

Klassenarbeiten erfolgreich bestehen
Das Programm für gute Noten im Schriftlichen
5. bis 10. Klasse
ISBN 3-7058-5179-9

Besser motivieren – weniger streiten
So helfen Sie Ihrem Kind – aber richtig!
4. bis 10. Klasse
ISBN 3-7058-5180-2

Fit fürs Gymnasium
Die neuen Herausforderungen erfolgreich bewältigen
4. bis 6. Klasse
ISBN 3-7058-5181-0

Mehr melden – Selbstsicherheit gewinnen
Das Programm für gute Noten im Mündlichen
5. bis 10. Klasse
ISBN 3-7058-5182-9

DURCHSTARTEN

Deutsch
für die 5. Schulstufe/neue Rechtschreibung
ISBN 3-7058-5158-6

für die 6. Schulstufe/neue Rechtschreibung
ISBN 3-7058-5150-0

für die 7. Schulstufe/neue Rechtschreibung
ISBN 3-7058-5159-4

für die 8. Schulstufe/neue Rechtschreibung
ISBN 3-7058-5160-8

mit der neuen Rechtschreibung
ISBN 3-7058-5057-1

Mathematik
für die 5. Schulstufe
ISBN 3-7058-5163-2 (A)
ISBN 3-7058-5164-0 (D + CH)

für die 6. Schulstufe
ISBN 3-7058-5165-9 (A)
ISBN 3-7058-5154-3 (D + CH)

für die 7. Schulstufe
ISBN 3-7058-5166-7 (A)
ISBN 3-7058-5029-6 (D + CH)

für die 8. Schulstufe
ISBN 3-7058-5149-7 (A)
ISBN 3-7058-5295-7 (D + CH)

Englisch
für die 5. Schulstufe
ISBN 3-7058-5151-9

für die 6. Schulstufe
ISBN 3-7058-5152-7

für die 7. Schulstufe
ISBN 3-7058-5153-5

für die 8. Schulstufe
ISBN 3-7058-5162-4

Hörverständnis + Grammatik-Training
für die 5. Schulstufe mit CD
ISBN 3-7058-5332-5

English Grammar
ISBN 3-7058-5308-2

Französisch
für das 1. Lernjahr
ISBN 3-7058-5167-5

für das 2. Lernjahr
Teil A: Adjektiv, Adverb
und Hervorhebung von Satzteilen
ISBN 3-7058-5168-3

Teil B: Verb, Bindungsgefüge
und indirekte Rede
ISBN 3-7058-5169-1

für das 3. Lernjahr
ISBN 3-7058-5148-9

für das 4. Lernjahr
ISBN 3-7058-5296-5

Latein
für das 1. Lernjahr
ISBN 3-7058-5155-1

Buch mit 3,5"-Diskette
ISBN 3-7058-5170-5

für das 2. Lernjahr
ISBN 3-7058-5297-3

mit Nuntii Latini
ISBN 3-7058-5059-8

je ca. 160 Seiten mit Lösungsheft durchgehend witzig und farbig illustriert, Paperback

VERITAS

Ferienkurse für Schüler „Das Lernen lernen"

Spaß in den Ferien – Mehr Erfolg in der Schule

DIE NEUE FERIENIDEE
Erholsame und spannende Ferien mit Gleichaltrigen verbringen – und gleichzeitig die schulische Erfolgsspirale auslösen.

MIND UNLIMITED – FERIENKURSE
Schule soll wieder Spaß machen.

- Training Lernmethodik
  Konzentration
  Motivation
  Mehr melden
  Lerntechniken
- Training Rhetorik
- Rechtschreibtraining
- Training in den Hauptfächern

- und:
  Reiten; Surfen
  Rudern; Bogenschießen
  Tennis; Ski fahren
  ...und vieles mehr

Ferienkurse für Schüler „Das Lernen lernen"

Spaß in den Ferien – Mehr Erfolg in der Schule

DIE NEUE FERIENIDEE
Erholsame und spannende Ferien mit Gleichaltrigen verbringen – und gleichzeitig die schulische Erfolgsspirale auslösen.

MIND UNLIMITED – FERIENKURSE
Schule soll wieder Spaß machen.

- Training Lernmethodik
  Konzentration
  Motivation
  Mehr melden
  Lerntechniken
- Training Rhetorik
- Rechtschreibtraining
- Training in den Hauptfächern

- und:
  Reiten; Surfen
  Rudern; Bogenschießen
  Tennis; Ski fahren
  ...und vieles mehr

Karten entlang der Linien ausschneiden, Absender bitte eintragen und Karte unfrankiert in den nächsten Briefkasten werfen.

Mein Absender:

____

____

____

Tel.: __________________________

bitte ankreuzen

Ja, ich interessiere mich für Ihr Programm.
Schicken Sie mir bitte kostenlos und unverbindlich

❍ Ihren Prospekt „Ferienkurse Das Lernen lernen"

❍ Informationen zu Sprachreisen in England und Frankreich

❍ Informationen über Wochenendkurse für Schüler/Eltern/Lehrer

Gebühr zahlt Empfänger

Rückantwort

MIND UNLIMITED

Forsthausstraße 56
D-35043 Marburg

Mein Absender:

____

____

____

Tel.: __________________________

bitte ankreuzen

Ja, ich interessiere mich für Ihr Programm.
Schicken Sie mir bitte kostenlos und unverbindlich

❍ Ihren Prospekt „Ferienkurse Das Lernen lernen"

❍ Informationen zu Sprachreisen in England und Frankreich

❍ Informationen über Wochenendkurse für Schüler/Eltern/Lehrer

Gebühr zahlt Empfänger

Rückantwort

MIND UNLIMITED

Forsthausstraße 56
D-35043 Marburg

MIND UNLIMITED: Tel. 06421/94848-0